Heavenly Pro Media

El Arrebatamiento 17 Señales

Copyright © 2024 Por Emerson Díaz

ISBN: 979-8-89379-198-3

Todos los derechos reservados. Ninguna parte de este libro podrá ser reproducida o transmitida, parcial o totalmente, en cualquier forma, mecánica, fotocopiado, escaneado, electrónica, cassette, Audio reproducción, Sitio Web, Video, DVD, CD etc., sin la autorización por escrito del editor titular del Copyright.

Impreso en USA - Printed in USA

Este libro en su versión digital y física, está protegido por la DMCA.

Agradecimiento

En primer lugar, quiero expresar mi gratitud al Santo Espíritu de Dios, quien me ha dado la inspiración para realizar este proyecto. Le doy las gracias sobre todo por darme el privilegio de poder llegar a diversas vidas, por medio de su bendita e infalible Palabra, la cual nos alimenta, nos alienta, nos fortalece y nos exhorta cada día, ofreciéndonos la convicción y la promesa de vivir eternamente para Él. Toda la gloria, el imperio y la majestad pertenecen a Dios por los siglos de los siglos, y ÉL nos da vida Eterna por medio de nuestro amado Salvador Jesucristo.

Agradezco a mis padres (Q.E.P.D.) y pastores por sus oraciones y su ejemplo, a mis hermanos por su cariño, a toda mi familia y congregación por su apoyo incondicional, y por sus oraciones por este ministerio; son de grande bendición. Al cuerpo de Cristo en general, que nos ha apoyado incondicionalmente a lo largo de los años, y a las nuevas personas que se han sumado a este ministerio, y han defendido la sana doctrina juntamente con nosotros, nos conoceremos muy pronto allá arriba en los cielos. Que Dios les bendiga y fortalezca hasta el regreso de nuestro Señor y Salvador Jesucristo, quien pronto tomará a su iglesia amada. Ven Señor Jesús. ¡Amen!

Emerson Díaz

Del autor

¡MUCHAS GRACIAS!

Este libro ha sido un trabajo de años, de oración, de ayuno, de estudios bíblicos, de alegrías, de problemas, de risas, de aflicciones, de tazas de café y de té, de desvelos, etc. Tomó mucho esfuerzo y sacrificio, por tal razón le doy personalmente las gracias por haber adquirido esté libro, ya sea en formato digital o físico, en los sitios autorizados. Su contribución es muy importante para financiar otros proyectos futuros que bendecirán su vida. Dios le multiplicará ese pequeño grano de contribución al adquirir este libro, reconociendo que quien siembra semilla buena, semilla buena cosechará. El libro le llevará a un viaje impresionante en lo que respecta a la profecía bíblica, pero a la vez le parecerá muy emocionante y edificante para la Gloria de Dios. Mil Bendiciones, E. D.

El ARREBATAMIENTO 17 SEÑALES

EMERSON DÍAZ

Índice I

	Introducción	11
	¿Qué es el Arrebatamiento?	15
	La importancia de velar	21
	La Trompeta de Dios	28
	La resurrección de los muertos en Cristo	29
	No todos dormiremos – Moriremos	32
	¿Por qué la iglesia será arrebatada?	37
1	Por qué la iglesia será Arrebatada antes del juicio	39
2	Razón por qué la iglesia no estará en la tribulación	44
3	Cristo participará de la Tribulación o Gran Tribulación	48
	Principios de Dolores – La profecía	53
	Señales antes del Arrebatamiento	61
1	Mirad que nadie les engañe	65
2	Vendrán muchos "en mi nombre"	73

Índice II

3	Guerras y rumores de guerras	77
4	Nación contra nación - Reinos contra reinos	85
5	Pestes y enfermedades	89
6	Hambres en los últimos tiempos	99
	Incendios forestales	105
7	Potentes Terremotos	109
	El cometa Elenin y los terremotos	111
	¿Los terremotos acortaron los días?	115
8	Aborrecidos y perseguidos por amor a Cristo	127
9	Falsos profetas	133
10	¿Por qué se está enfriando el amor?	141
11	La Higuera floreció el tiempo se cumplió	149
12	No pasará esta generación	161
13	Como en los días de Noé	169

Índice III

	El descubrimiento del arca ¿Señal del fin?	181
14	Señales en el Sol, la Luna, las estrellas	189
	Señales advertidas por los apóstoles de Jesús Yeshua	213
	Análisis breve de la Gran Tribulación	215
	El día grande del Señor – La ira del Cordero	216
15	Señal al escuchar "Paz y Seguridad"	225
16	La gran Apostasía final	233
17	Jerusalén la copa del mundo	267
	Gog y Magog la última profecía	289
	¿La iglesia veremos la batalla de Gog y Magog?	295
	Gog y Magog de Ezequiel 38 y Apocalipsis 20	299
	¿Cómo será el Arrebatamiento? Conclusión	303
	Acerca de mí	309

Introducción

Este libro está dirigido especialmente a todas aquellas personas que tienen dudas y buscan respuestas a los acontecimientos que actualmente se están viviendo en el mundo.

En el siguiente estudio y análisis profético, le explicaré de una forma muy clara y detallada lo que está ocurriendo en nuestros alrededores, y en nuestra actualidad, todo basado en la Palabra de Dios.

Si bien es cierto que diversas religiones, culturas e ideologías, han venido estudiando los acontecimientos del fin del mundo, todas han tenido "alguna respuesta ficticia para la humanidad", pero ninguna de ellas han acertado verdaderamente a los diversos eventos que sacuden el mundo en nuestra actualidad, puesto que la única palabra fiel y verdadera la encontramos solamente en la Biblia; siendo ella la única que tiene las respuestas y la salida de todos estos sucesos catastróficos y proféticos que están ocurriendo en la tierra.

Mi intención, querido lector, es que usted entienda que, dentro de todos estos acontecimientos mundiales, Dios tiene un plan maravilloso y perfecto para usted y para su familia, y es urgente que comprenda lo que está a punto de acontecer en el mundo entero. Para ello le invito a tener su Biblia en mano para comenzar a descifrar el estudio que hoy quiero presentarle, y que me ha tomado muchos años de estudios bíblicos, pero sobre todo he tenido la ayuda y la sabiduría del Espíritu Santo para simplificar el contenido que hoy leerá.

¿Sabía usted que las catástrofes en el mundo aumentarán?, ¿Sabía usted que muy pronto desaparecerán millones de personas en todo el mundo? Por muy fantasiosas que parezcan estas preguntas, esta es una realidad que muy pronto los gobiernos del mundo tendrán que afrontar.

Pero a partir de este momento, le guiaré paso a paso a comprender con mejor detalle las **señales que vendrán antes del Arrebatamiento**, y sobre todo lo que los grandes hombres de la Biblia anunciaron y advirtieron al mundo, al ser inspirados por el Espíritu Santo; pero cabe destacar la importancia de lo que el mismo Señor Jesucristo predijo, todo esto con el único fin de que usted y yo nos preparemos con tiempo, para ser librados de la misma ira de Dios que muy pronto azotará al mundo.

Este libro contiene material muy importante, que le llevará a comprender la proximidad del Arrebatamiento, conforme a las señales que Cristo mismo nos dejó en su Palabra, y le preparará para dicho evento. Por lo que es fundamental que preste delicada atención, a cada profecía bíblica que se encuentra en la Palabra de Dios, de las cuales le compartiré e iré enumerando lo más detallado posible, aprovechando al máximo cada página de este libro.

Es importante que conozcamos los tiempos que estamos viviendo, en estos momentos cruciales que el mundo está atravesando, y es necesario conocer cada una de las señales que Cristo advirtió que ocurrirían antes de Arrebatar a los suyos. Agrupando varios años de análisis profundos de la Palabra de Dios, en este libro encontrará no solamente una guía práctica para prepararse para el Arrebatamiento, sino que además encontrará en él un extenso estudio que incluso podrá capacitarle para luego explicar a su familia, amigos e iglesia la importancia de este evento, y podrá verificar con su Biblia que tan cerca nos encontramos del Arrebatamiento de la iglesia. No hay duda de que estamos cerca...

Para comenzar recordemos que la Palabra de Dios nos invita a «**Velar**» en *Lucas 21:36*, donde encontramos la promesa gloriosa que Cristo nos ofrece cómo una voz de alerta, para que nadie perezca cuando llegue el tiempo de levantar a la iglesia de Cristo.

Las palabras de Jesús son tan hermosas, que nos invitan a mantenernos en alerta constante, para *"**poder escapar de todas las cosas que vendrán a la tierra**"*. Los acontecimientos catastróficos que estamos viviendo hasta este momento, la Biblia los ha definido cómo **Principios de Dolores**, donde aclara que estos dolores son solamente el principio de las catástrofes que el mundo sufrirá; conforme avancen los días, las horas y los años, la Biblia seguirá su curso profético, sin que nadie pueda evitar detenerla. Pero recordemos que debemos Velar.

Cuando la Biblia habla de "velar", no se está refiriendo a estar despierto sin dormir todas las noches. La Biblia se refiere, a que debemos vigilar orando a Dios, para que nuestra alma se encuentre pura y limpia para el glorioso Arrebatamiento de la iglesia, ya que este evento se aproxima a pasos agigantados.

La Palabra de Dios dice en **Hebreos 12:14** que, para lograr ver al Señor Jesucristo, nosotros necesitamos estar "en paz y en Santidad, *sin la cual nadie le verá*". Por esa razón, este libro, que ha sido inspirado en la Palabra de Dios, contribuirá a comprender los tiempos actuales, y le ayudará a tener una mejor visión de las profecías bíblicas más importantes de nuestro Siglo. Todo se basa en un extenso e intrigante estudio dedicado para todos aquellos hombres y mujeres de Dios que anhelamos la venida de Cristo, y para quienes desean conocer más sobre este apasionante tema, y desean formar parte de este magno evento.

Inicio

¿QUÉ ES EL ARREBATAMIENTO?

Antes de comprender las señales que anuncian la pronta venida de nuestro Señor Jesucristo por su iglesia, haré una reseña sobre el Arrebatamiento de la iglesia; pero antes que nada debemos recordar que esta promesa fue dada por el mismo Señor Jesucristo, y fue dada para todas las personas que se entreguen completamente a él, este es uno de los requisitos para ser parte de este glorioso evento.

El Arrebatamiento será uno de los movimientos mundiales más grandes en la historia de la humanidad, y el inicio de un verdadero apocalipsis en la tierra. El Arrebatamiento también es conocido popularmente como el **«Rapto»** (Rapio) de la iglesia, y es una palabra que viene del latín **«Harpazo»** y su significado es **«Arrebatar»**. Quiero hacer un pequeño énfasis, es cierto que la palabra Rapto no se encuentra en versiones recientes de la Biblia, pero hay que destacar que esta palabra no indica el seguimiento de alguna doctrina fuera de la Biblia, su utilización es simplemente con el fin de abreviar la palabra

Arrebatamiento. También debemos tomar en cuenta que en el pasado existió la Biblia *Vulgata*, donde la palabra «*Harpazo*» (Rapto) es mencionada, ya que esa versión de la Biblia se encontraba en latín. Y como un detalle adicional, quiero agregar, que las primeras versiones de las biblias escritas en latín aparecieron alrededor del siglo II, la versión Vulgata fue traducida del hebreo al latín a finales del siglo IV d. C.

Otro ejemplo es la palabra inglesa "**rapture**" que traducida al español significa **Arrebatar**. Y Rapto en algunos diccionarios significa "*La acción de Arrebatar*". Como puede ver, estas palabras tienen el mismo significado. Ahora bien, si en dado caso a usted no le gusta la palabra "Rapto", entonces nombre este evento como la Biblia lo describe: **Arrebatamiento**. Y no permita que un significado o nombre similar, le sirva como piedra de tropiezo.

Pero continuando con el tema del Arrebatamiento, hay una cita bíblica muy utilizada por la iglesia de Cristo y se ha convertido en el emblema de todo creyente; esta cita bíblica hace referencia a este evento, la cita se encuentra en 1 Tesalonicenses 4:13-18, en la cual se define con claridad la resurrección de los que murieron en Cristo, y el Arrebatamiento de todos los santos que se arrepintieron y rindieron sus vidas incondicionalmente a Él.

Si tiene su Biblia en mano, notamos que en esta cita bíblica se describe claramente una de las promesas más hermosas y preciosas para los creyentes, ya que está dirigida a todas las personas que creemos en la muerte y resurrección de nuestro Amado redentor Jesucristo.

Todas las personas que mueren en Cristo tienen la certeza y la esperanza de volver a resucitar para vivir eternamente con Él, esto se hará una realidad algún día no muy distante cuando Dios resucite a todos los que creyeron en Él. Aunque es probable que ocurra mientras lee este libro, pues no todos veremos muerte de acuerdo con la Biblia.

Pero recordemos que, en la cita bíblica, se nos advierte que hay un grupo de personas que ya no tendrán esperanza. Este grupo de personas son todas las tribus y lenguas de la tierra, que han optado por seguir diversas ideologías, y han apartado su mente de la verdad bíblica para adorar a falsos dioses, o para vivir bajo sus propias leyes, pasiones y deseos carnales. Para luego rechazar la salvación ofrecida por Cristo, quien murió injustamente por todos nosotros en aquella cruz. Ellos ya no tendrán esperanza, a menos que reconozcan **en vida** el sacrificio de Cristo, tal como lo señala Juan 3:16-21.

Ahora bien, continuando con el tema, podemos leer en 1 Tesalonicenses 4:14, que las promesas fueron anunciadas por el apóstol Pablo alrededor de los años 49 al 51 d. C. y fueron ofrecidas para fortalecer la vida de todos los creyentes de la época, y fue mediante la inspiración del Espíritu Santo. Pero, en la actualidad, la Palabra de Dios sobre todo nos fortalece y nos alienta a todos los creyentes, confirmando que la Palabra de Dios sigue vigente hasta nuestros días.

Si creemos que Cristo murió cómo nuestro único y suficiente Salvador, tal como lo dice la cita de 1 Tesalonicenses 4:14; y tenemos un arrepentimiento genuino de pecados, ya sea que vivamos o que durmamos, también nosotros somos parte de esa promesa llamada Arrebatamiento.

Pero en la cita bíblica descrita con anterioridad, vemos cómo es que todas las personas que murieron en Cristo y le creyeron a su promesa, en este momento solamente duermen; realmente no están muertos, ya que ellos están en la presencia de Dios, esperando ser resucitados para recibir al Señor Jesús en el aire, ¡Bendito y alabado sea nuestro Dios todopoderoso!

En la promesa de *1 Tesalonicenses 4:15*, tenemos muy claro el principal propósito de Cristo para su amada iglesia. Notemos que en esta promesa se advierte que no todos vamos a morir, sino que algunos quedaremos vivos hasta la venida de nuestro Señor Jesucristo. En la antigüedad el apóstol Pablo se incluía y creía que sería parte del Arrebatamiento, porque él pensaba que quedaría vivo para este evento. Sin embargo, aún faltaba mucho para que las diversas profecías bíblicas fueran tomando su lugar político, económico, moral, catastrófico y social.

Lo que Pablo anheló con todo su corazón en el pasado está hoy al borde de realizarse, ya que todas las profecías bíblicas han encajado de manera perfecta, tal como Jesús y los profetas advirtieron. Estas profecías se están manifestando ante nuestros ojos, lo que implica que ha llegado el tiempo de que una generación parta rumbo al encuentro de nuestro Amado redentor Jesucristo en las nubes.

Apreciado lector, la intención de explicarle cada uno de los siguientes acontecimientos, es para prepararle para este evento, por lo que le mostraré diversas señales (conforme a la Biblia) que ya están ocurriendo en nuestro alrededor.

Cabe destacar que la Palabra de Dios fue clara y directa cuando el Señor dijo: *"**El día ni la hora nadie la sabe**"* Mateo 24:36. Sin embargo, Jesús se refirió a que no sabríamos el día y la hora del Arrebatamiento, pero sí conoceríamos el tiempo, ya que él mismo ofreció detalles de su venida a sus discípulos cuando se lo preguntaron en una ocasión. Todo este relato se encuentra registrado en Mateo 24, específicamente cuando Cristo se encontraba en el *monte de los Olivos*.

Recordemos que Jesús advirtió que «Nadie sabe el día y la hora», por lo que él está hablando de que el Arrebatamiento será un factor sorpresa, muy diferente a su Segunda Venida, debido a que la Segunda Venida, en donde reinaremos con Cristo por mil años, si tiene una fecha aproximada, esta fecha comenzará en el momento que dé inicio la Gran Tribulación, conocida bíblicamente cómo la Semana 70 de Daniel (ver *Daniel 9:24-27*), y mencionada por Cristo en Mateo 24:21, como una «**Gran Tribulación**» y no habrá algo similar en la historia humana.

Al finalizar estos días de la gran tribulación que viene al mundo, comienza una clave importante para saber casi con exactitud el retorno de Cristo a la tierra junto con su iglesia (los Santos arrebatados), en su Segunda Venida.

La Palabra de Dios nos enseña que hay dos eventos que se realizarán con poder y gran gloria sobre la tierra, por lo que no debemos de confundir la *Parusía* que es la Segunda Venida de Cristo, con el Arrebatamiento (*Harpazo*) de la iglesia; Ya que ambos eventos son de suma importancia para el mundo, pero para aquellos que estemos velando en este tiempo de Gracia que vivimos, debemos de anhelar el Arrebatamiento de la iglesia, que es el evento en donde todos nosotros los que creemos fielmente en Cristo y en su Palabra, seremos librados de los juicios venideros, que el Señor tristemente enviará directamente para corregir la inmoralidad que impera en el mundo entero en la actualidad.

> El Arrebatamiento es una doctrina muy importante, por medio de este evento, seremos arrebatados rumbo al cielo, antes de que el mundo sea sorprendido por la mano directa de Dios.

LA IMPORTANCIA DE VELAR

Rumbo a casa

Es importante recordar que la Palabra de Dios, instruye a la iglesia a permanecer velando sin cesar, aguardando el momento glorioso de ser arrebatados en cualquier momento. Para respaldar esto voy a citar algunos versos de la Biblia, y me gustaría que tomara su Biblia y, además, que le pida al Espíritu de Dios discernimiento para interpretar correctamente su Palabra. De esta manera su mente será ministrada por el poder del Espíritu de Dios, para que encienda la llama de esperar a Cristo en ese magno evento llamado Arrebatamiento, por favor vea las siguientes citas bíblicas: Mateo 24:42, Mateo 25:13, Marcos 13:33, Marcos 13:35, Marcos 13:36-37.

En las diversas citas mencionadas con anterioridad, se puede ver con claridad que hay un factor sorpresa que anuncia la llegada de Jesús por su pueblo, su llegada será sin previo aviso como un ladrón en la noche.

La iglesia de Cristo le recibiremos en el aire, es decir, en las nubes, para estar juntamente con él; mientras tanto la tierra se prepara para ser azotada por los diversos juicios de Dios descritos en el libro de *Daniel, Ezequiel, Isaías, Oseas, Joel* y *Apocalipsis*, estos son algunos de los libros y profetas que advirtieron sobre los eventos que vendrán sobre la tierra.

Como podemos darnos cuenta, hay una cantidad bastante considerable de citas bíblicas que describen un factor sorpresa para el cuerpo de Cristo, la Biblia es clara y advierte que nadie sabe en qué momento se llevará a cabo el Arrebatamiento (Mateo. 24:36), lo único que se nos permitió es conocer el tiempo, en donde la Palabra nos advierte que cuando veamos todas estas cosas, debemos de reconocer que el tiempo del Arrebatamiento está cercano de acuerdo con Mateo 24:33.

¿Cuáles son estas cosas? Ya hablaré más adelante de ellas. Pero permítame explicarle con detalle este apasionante tema, acomódese en el lugar que se encuentre, ya que el Señor le dejará con una llama ardiente y poderosa de amarle y esperarle con todo su corazón, y este es uno de los propósitos principales de que este libro esté en sus manos. Continuemos...

Diversos grupos sectarios e inclusive una parte de creyentes están esperando pasar por la Tribulación/Gran Tribulación para ver el retorno de Cristo, esta posición enseña que primero viene el Anticristo y después Cristo.

El grave problema con esta posición es que las citas bíblicas mencionadas con anterioridad nos advierten que viene un factor sorpresa para la iglesia, esto indica que, si esta posición espera al Anticristo, prácticamente ellos deducirán que Cristo aparecerá en las nubes en un término de 1 a 7 años, puesto que este será el tiempo aproximado que durará la Gran Tribulación en la tierra, y culminará con la Gloriosa Segunda Venida de Cristo para gobernar por mil años la tierra.

En definitiva, esta postura adormece a las personas, porque su corazón espera a un ser maligno antes que al mismo Señor Jesucristo, esta postura causa que la Biblia entre en confusión (al aplicarse de esa forma), puesto que el factor sorpresa que la Biblia le advierte al cuerpo de Cristo con tanto énfasis, se pierde y queda completamente desarmado y sin sentido.

Por ello la iglesia de Cristo no espera al Anticristo, nosotros esperamos a Cristo en las nubes para recibirle. La Biblia nos ofrece, además una bienaventuranza para los siervos que esperamos su venida, y puede leer el verso en *Lucas 12:37*; Y para obtener esta promesa, debemos de reconocer que, claramente el Señor quiere que «Sus siervos» que es la iglesia de Cristo, estemos Velando, esperándole hoy mismo, no mañana.

Además, encontramos otra promesa en Apocalipsis 3:3, esta promesa nos invita a escuchar y que tengamos en cuenta sus palabras, de lo contrario "**Cristo vendrá como un ladrón**" sin avisar, y sorprenderá a quienes estén desapercibidos.

Lo que el Señor nos está advirtiendo, es que estemos atentos y en Santidad para emprender la salida de la tierra hacia las nubes, él se compara con "un ladrón", esta comparación simboliza la llegada de un ladrón a un lugar o casa cuando roba, no avisará cuando lo haga, de igual manera el Señor tomará por sorpresa a los desapercibidos.

Si seguimos al pie de la letra la Palabra de Dios, nos daremos cuenta, que, siguiendo las instrucciones de la Biblia, nosotros estaremos preparados para ser arrebatados y salir al encuentro glorioso de nuestro amado Salvador Jesucristo en las nubes. ¡Bendito y glorificado sea su Santo nombre! No hay mejor gozo que partir con Cristo en este magno evento.

Mientras escribo esta parte del libro, en mis mejillas recorren lágrimas de gozo, porque sé que un día no muy distante Cristo vendrá a buscarnos, porque su Palabra es fiel y justa y su misericordia es para siempre, su Santo Espíritu está preparando los corazones de millares de creyentes para ese momento glorioso alrededor del mundo, y usted es uno de ellos.

No le permita al enemigo que le aparte de esa bienaventuranza, al contrario, hay que someter la carne a la voluntad de Dios, de lo contrario usted no lo va a lograr, recuerde que Cristo no vino a buscar perfectos, el vino por sus imperfecciones, pero es necesario exponerle a Dios todas las áreas que puedan impedirle partir en este glorioso evento, de esa manera debemos procurar por todos los medios alcanzar la perfección en Cristo; Y recuerde Cristo dijo: *"Sin mí nada puedes hacer"* Juan 15:5.

Este es el tiempo perfecto para realizarse un autoexamen, es necesario preguntarse a sí mismos; «¿Qué áreas debo de corregir en mi vida para ser parte de esta promesa?». Estoy convencido de que Dios comenzará a poner en su corazón las áreas que Él exige para ser parte de este evento glorioso, pero probablemente, usted más que nadie, sabe en qué áreas le está fallando a Dios; Y si aún no ha conocido a Cristo, este es el momento de invitarle a entrar a su corazón, y es tiempo de volverse a Cristo y arrepentirse de cualquier práctica pecaminosa que le impida ser parte de esta promesa gloriosa, sólo el arrepentimiento genuino podrá acercarle a Cristo y a sus promesas. Pero continuando con el tema, en la Biblia se menciona que estemos velando por esperar a Cristo, y esta palabra llamada «Velar», viene del original **«gregoreúo»**, y su significado es: "mantenerse despierto", este término indica que cada uno de nosotros debemos de estar a la expectativa del regreso de Cristo, pero no solamente es necesario estar atentos a su llamado, sino además nos indica que debemos de santificarnos y apartarnos de todo pecado para recibirle en las nubes.

> El término **Velar** también es aplicable en la vida espiritual de cada creyente en Cristo, y velar también significa ayuno, oración y vigilias dedicadas a Dios.

Cuando leemos en 1 Tesalonicenses 4:17, que Cristo descenderá del cielo en una nube, vemos que esta Palabra será tan real que ni siquiera los más escépticos tendrán tiempo de pensar cuando ocurra este evento, puesto que pensarán que se trata de algún experimento científico, pero será el poder de Dios arrebatando a los suyos con destino al Tercer cielo.

Cuando el Señor dé la orden para arrebatar a todo su pueblo que le ha esperado, ya sea vivos o muertos en Cristo, es entonces que llegó el momento tan esperado y ansiado por todos nosotros, ese momento maravilloso de partir con gozo mediante el Arrebatamiento, hacia nuestra morada Eterna ubicada en el Tercer cielo. Cuándo se dé la orden, deseo con todo mi corazón que usted también pueda ser parte de este evento glorioso que se aproxima a la tierra, y que no está muy distante de ocurrir, de acuerdo con las señales que analizaremos más adelante.

Hay varias cosas que me llaman la atención de la promesa descrita en 1 *Tesalonicenses* 4:16, esta promesa nos indica, que el Señor Jesucristo levantará su voz con poder y autoridad, para que los muertos que murieron en Cristo finalmente se levanten, para recibir al Señor en el aire y encontrarse con él en las nubes.

En segundo lugar, me llama la atención la parte que dice: **"y con trompeta de Dios"**, algunas traducciones del hebreo y arameo señalan que no se refiere literalmente a una trompeta, ellos señalan que se refiere a un *Shofar*, este instrumento es un arma poderosa, ya que se le confiere un significado simbólico de redención, como también simboliza **el poder y la autoridad** para destruir fortalezas espirituales.

La historia bíblica señala que con siete bocinas de cuernos de carnero (*Shofar*), fueron destruidos los muros de Jericó (Josué 6). En la actualidad este instrumento sigue destruyendo muros espirituales.

En una ocasión recuerdo que a un hermano en Cristo le llamó la atención este instrumento de viento, ya que mi padre había viajado a Israel para conocer personalmente los diversos lugares de la historia bíblica, cuando él regresó trajo consigo dos cuernos de carnero (*Shofar*), y un hermano intrigado por estos instrumentos llegó y tocó la puerta de la casa en donde vivía en ese entonces, y me pidió que le mostrara uno de ellos, cuando se lo mostré lo vio con gran asombro, siendo él músico trompetista, lo hizo sonar, inmediatamente el sonido se expandió por todo el lugar, de pronto sin darnos cuenta apareció una persona; Y con ojos de odio nos dijo: "¡Ustedes me acaban de dar un gran susto con ese sonido! Por favor les suplico que no lo vuelvan a hacer sonar", obviamente la persona se encontraba bajo el efecto de alguna sustancia química.

En ese momento comprendí, que las oscuridades que gobiernan a las personas sin Cristo tiemblan al sonido del shofar, y si ese instrumento de viento es estruendoso, y no pueden resistirlo cuando le escuchan, no quiero imaginar que sucederá en el mundo, cuando Dios nos llame a nosotros a casa mediante el Arrebatamiento, será estruendoso.

Ahora bien, si este sonido de shofar, a las personas del mundo les causa esta sensación, vemos que cuando suceda el sonido de la trompeta o la voz de mando de Dios, nuestros cuerpos serán sacudidos y estremecidos, por el sonido potente, o la voz potente de Dios.

Será algo impactante en nuestra vida, porque escucharemos un sonido estruendoso, cuando el Padre indique el momento, para que el cuerpo de Cristo partamos de esta tierra. ¡Bendito y glorificado sea el nombre del Señor a Cristo sea la Gloria!

LA TROMPETA DE DIOS

Ahora volvamos a la cita bíblica de 1 Tesalonicenses 4:16 y veamos de nuevo la parte que dice: "**y con trompeta de Dios**", entonces nos daremos cuenta de que esa trompeta o shofar de Dios probablemente nos sacudirá el cuerpo entero, junto con el alma y el espíritu de todo fiel creyente a Cristo, será «*En un abrir y cerrar de ojos*». El sonido del *shofar* o trompeta solamente podrá ser escuchado por todas las personas que siguieron la voluntad de Dios conforme a su bendita Palabra.

Ahora bien, hay otro estudio que he realizado, respecto al sonido que nos indicará el momento de ser arrebatados, y quiero comentarle que existe otra probabilidad, de que no sea un sonido de shofar o de trompeta el que escucharemos en ese momento.

Puede ser la voz de mando de Dios, es decir, Dios nos llamará con su propia voz estruendosa, debido a la experiencia que Juan vivió, a quien se le mostró la profecía final, y fue el escritor del libro de *Apocalipsis*, Juan nos narra que fue una voz con sonido "**como de Trompeta**", que Dios lo llamó para ser arrebatado al cielo según Apocalipsis 1:10, y en Juan 5:28, se nos narra que los muertos en Cristo serán resucitados al **escuchar la voz de Dios**.

Ahora bien, independientemente de la forma en la que Dios nos arrebate, ya sea con un sonido de Shofar, de Trompeta o su propia voz, si estamos apercibidos, velando y orando en todo momento, seremos transformados en un abrir y cerrar de ojos. ¡A Cristo sea la gloria!

> *La trompeta de Dios será escuchada aún por los que duermen en Cristo, sus almas serán sacudidas cuando escuchen la imponente y estruendosa voz de Dios.*

La resurrección de los muertos

En la cita mencionada, también se debe de tomar en cuenta de que no se levantarán todos los muertos, se levantarán de las tumbas, solamente aquellos que murieron en Cristo tal y como él lo prometió en Juan 6:40, en donde promete la resurrección a todos los que partieron creyendo en él, todos ellos serán resucitados en este evento glorioso del Arrebatamiento.

Recordemos que, en la Biblia, encontramos una serie de promesas bíblicas, que Cristo mismo reveló al mundo, en donde prometió, que todos aquellos que crean en su nombre, y partan de esta tierra, él mismo les resucitará de acuerdo con Juan 6:54; Y esta es otra promesa gloriosa, que Cristo mismo le promete a todo el que coma de su carne, es decir, el que busque una relación íntima con él, para que pueda pasar de muerte a vida eterna.

Este grupo de creyentes que mueran en Cristo, estarán esperando ser resucitados de los sepulcros, y debe de tener presente, que la resurrección de los muertos, tienen varias etapas, pero en este caso nos interesa los muertos que murieron durante todo este periodo de Gracia, y resucitarán para formar parte del Arrebatamiento de la iglesia.

Este será un evento maravilloso, similar a lo que Dios le mostró al profeta *Ezequiel* en el capítulo 37 versos 5-6, en donde se puede ver el poder de Dios manifestarse de una forma factible, de **los huesos secos**, él pondrá tendones nuevos en un cuerpo glorificado. ¡Bendito y glorificado sea el nombre de nuestro Señor Jesucristo!

Esto significa, que aquellos hombres y mujeres de Dios, que quedaron convertidos en cenizas, en polvo, o en cualquier lugar que murieron, ellos serán transformados en partículas o átomos, hasta finalmente recibir el cuerpo de incorrupción o el cuerpo de inmortalidad según *1 Corintios 15:53-54*.

Por esa razón, si usted tiene un familiar que partió con Cristo en su corazón, no se preocupe por su familiar, porque ellos ya ganaron la vida eterna, solamente están en la presencia de Dios, esperando que Cristo cumpla la promesa de resucitarles, una promesa que, para ellos, ya fue y será real.

Recuerde que el resto de las personas que no quisieron reconocer a Cristo como su salvador personal, si resucitarán, pero ellos lo harán para un juicio en el Gran Trono Blanco; Y su resurrección no será en el Arrebatamiento, y esta resurrección se conoce como la segunda resurrección o la muerte segunda (Apocalipsis 20:11-15, 21:8, Juan 5:26-27, Juan 5:29, Daniel 12:2).

> Y esta es la esperanza que tenemos como creyentes al evangelio de Cristo, nos volveremos a reunir con nuestros seres amados que ya partieron con esa promesa gloriosa en su corazón, y será en las nubes junto con Cristo Jesús. ¡AMEN!

No todos dormiremos-Moriremos

Finalmente llegamos a la parte de esta promesa que nos corresponde a nosotros, los que vivimos y la encontramos en 1 Tesalonicenses 4:17, toda persona que esté viva y le sirva a Cristo con todo su corazón, logrará ser parte de este glorioso evento, ya que no verá la muerte y es muy probable que seamos todos nosotros.

Este es el tiempo de clamar por su vida y familia, porque los que murieron en Cristo ya tienen asegurada la esperanza de despertar, para reunirse con Cristo en las nubes, incluyendo el deseo profundo de Pablo, ahora es nuestro turno; y es tiempo de pelear por esa promesa con las uñas y los dientes (la Santidad), apartando el cuerpo y nuestra vida misma de toda impiedad.

Pablo nos indica que **"no todos dormiremos"**, esta palabra significa que hay una generación que estará despierta, es decir, no morirá y estará confiada esperando este maravilloso evento, y hay grandes probabilidades de que seamos nosotros, los que participemos de esta promesa bíblica; Y antes de analizar las señales, me es necesario dejarle en claro esta parte de la profecía bíblica, para determinar qué tan cerca estamos del Arrebatamiento de la iglesia de Cristo.

Pero haciendo un énfasis, con mucho amor y respeto, quiero decirle que existen algunas prácticas que le pueden dejar fuera de este evento glorioso llamado el Arrebatamiento; y hay cosas que la humanidad hace en su diario vivir; y la misma conciencia que Dios puso en nosotros, es decir, el libre albedrío nos dicta que cosas estamos haciendo mal en nuestro caminar en este mundo.

Usted mismo sentirá en su corazón aquellas cosas que está haciendo mal, y por esa razón, necesita analizar su propio corazón para que pueda tener un encuentro maravilloso con Cristo, hay veces en donde el Espíritu Santo estará trayendo convicción a su vida, y es importante escuchar y atender al llamado hoy mismo.

Si ha practicado transgresión a la Palabra de Dios y usted ha sido advertido, recuerde que para ser parte de la promesa de ser arrebatados, primeramente, hay que reconocer a Cristo verdaderamente, como el único y suficiente Salvador de nuestras vidas, para luego hacer morir las obras de la carne, y sobre todo cómo lo dice en *Hebreos 12:14*, que solamente con "*su paz y con su Santidad*" lograremos verle.

No es suficiente creer en que Cristo vino al mundo, es necesario practicar su Palabra y proceder en obediencia para lograr verle cara a cara.

Si no hay un arrepentimiento genuino y de todo corazón, por más que hagamos obras buenas junto a donaciones, o quizás si le ofrecemos un plato de comida al hambriento, nada de eso nos podrá salvar, si en realidad quiere verle, será solamente reconociendo el sacrificio de Cristo en la cruz del Calvario; Y apartándonos de todo pecado, y viviendo en Santidad solamente para Él, y de esa manera alcanzaremos de su misericordia.

La Palabra de Dios nos indica que, si cumplimos con tales requisitos (Hechos 3:19), estaremos siempre con el Señor. Su Palabra es fiel y verdadera y nos dice que él es nuestro Pan de Vida, si venimos a Cristo y nos rendimos a su evangelio, nunca quedaremos fuera de su mano poderosa (Juan 6:35,37).

La pregunta que hoy quiero hacerle es: ¿Anhela en realidad esa promesa para su vida? Es importante que Cristo sea el centro de nuestros corazones, ya que él será el único medio para poder ser parte de esa promesa bíblica en donde partiremos de este mundo mediante el Arrebatamiento.

Sin Cristo nadie podrá ser arrebatado en ese evento glorioso. Por lo tanto, me es necesario exhortarle con claridad y ofrecerle estos puntos, que son muy importantes, porque recordemos que reconocer a Cristo en nuestro corazón, es valorar su sacrificio en la cruz, para estar siempre con el Señor. La Biblia también nos invita a animarnos como hijos de Dios los unos a los otros, para poder ser parte de ese hermoso evento.

En 1 Tesalonicenses 4:18, la Biblia nos da instrucciones de animarnos unos a otros, y por esa razón he hecho este énfasis en su vida, para que pueda ser tocado en su corazón y pueda ser parte de esta promesa, mi intención es que Cristo se revele a cada corazón para que todos podamos participar de este evento; y de esa manera estaremos reunidos muy pronto con Cristo.

Siento amor por aquellas almas que aún están viviendo sin Cristo o que conocen de Cristo, pero no han hecho morir las obras de su carne. La Biblia nos advierte que viene algo terrible para el mundo, y no será nada agradable, por esa razón le hago un llamado en el nombre de Cristo Jesús a la Santidad y al arrepentimiento, porque aún hay tiempo, y ahora es el momento de tomar decisiones contundentes para su vida. No lo piense más, y no espere hasta el último momento, es ahora, o usted no lo va a lograr.

Querido lector que estas palabras le animen a buscar de Dios, así también querida iglesia de Cristo, si has perdido la fe sobre esta esperanza, ahora es el tiempo de buscarle, ahora es el tiempo de servirle, hoy es el día de afirmarse cómo nunca en los caminos del Señor, aunque lleguen los burladores a desalentar al pueblo de Cristo, diciendo que "no existe un Arrebatamiento para la iglesia", hay que tomar la autoridad que Cristo nos ha dado y decirles: «Apártate de mí porque yo creó en lo que la Palabra de Dios me enseña, y no en lo que tu pienses».

Ahora bien, recuerde que Cristo el autor y consumador de la vida, nos advirtió que estuviésemos velando y orando constantemente, llenando nuestras vasijas con la unción de su Santo Espíritu, cómo también nos hizo un pedido que no debemos de olvidar en *Lucas 21:36*, en donde nos recuerda que estemos orando, para **"ser tenidos por dignos de escapar de aquellas cosas que vendrán"**, pero antes es importante que usted comprenda querido lector, la importancia de buscar a Cristo, la importancia del Arrebatamiento, y el por qué la iglesia debe de abandonar este mundo muy pronto.

La opción de escape, antes de que esas cosas lleguen es clara y directa, por lo tanto, pasaremos a ver porque razón los que crean en su nombre, serán librados de los juicios de Dios que están por desatarse, y el por qué nosotros, los que creemos que seremos arrebatados, no tenemos parte con lo que ocurrirá durante el periodo llamado la Tribulación o Gran Tribulación, evento que también es conocido como la Semana 70 de Daniel.

A continuación, me gustaría compartirle algunas promesas, que aún siguen vigentes para la vida del creyente, pero que también le invitan a formar parte del Arrebatamiento, y la intención no es sembrarle miedo o angustia, al contrario, estas promesas fueron hechas para que nosotros las disfrutemos y las anhelemos con todo el corazón.

> Hay un porcentaje muy alto, según las señales que estamos viendo en el mundo, de que nosotros seamos la generación que estaremos vivos para este evento glorioso del Arrebatamiento.

La gran pregunta

¿POR QUÉ LA IGLESIA SERÁ ARREBATADA?

Posiblemente esta es una de las interrogantes más debatidas en el medio secular y cristiano, diríamos que este tipo de preguntas se ha llegado a convertir en un deporte para todo estudioso de la Biblia; y es un tema infaltable en la mayoría de los estudios escatológicos (eventos del porvenir).

Hay una cantidad bastante considerable de sectas y doctrinas que han preparado a sus miembros para que atraviesen la Gran Tribulación o la Semana 70 de Daniel, y muchos de ellos han omitido una buena cantidad de citas bíblicas y de promesas expuestas por Dios para sus elegidos. La mayoría no está consciente, de esta maravillosa promesa que Dios nos ha dejado, sin embargo, hay millares de personas alrededor del mundo, que desconocen el plan de Dios para sus propias vidas, como también para su amada iglesia.

Antes que nada, debe de saber que la teología o escatología bíblica, ha separado estos eventos apocalípticos en dos partes, y los han definido como Tribulación y Gran Tribulación, sin embargo, encontramos que en el Libro de Daniel se habla solamente de un sólo periodo, descrito como la Semana 70 (*Daniel 9:24-27*), es decir, la Tribulación y la Gran Tribulación son el mismo evento, en donde Dios hará que el mundo experimente diversos escenarios catastróficos durante ese tiempo.

Ninguno de los dos períodos será menos catastrófico que el otro, ambos períodos traerán juicios para la tierra, que es nada más y nada menos que la ira del Cordero y el Padre en dos fases.

La razón por la que algunos teólogos separan la Tribulación de la Gran Tribulación tiene una respuesta sencilla, si lo analizamos como un método de estudio, sabemos que la Tribulación tendrá una duración de tres años y medio, y culminará con la segunda parte que serán otros tres años y medio, sumando 7 en total. Sin embargo, al separar estos eventos, con ello se dio margen, a que otras posturas abrazaran la idea, de que el Arrebatamiento se dará "a la mitad de la Tribulación".

Pero si analizamos con entendimiento, vemos que la tierra vivirá un total apocalipsis de 7 años consecutivos. Por lo que personalmente, sugiero que a estos 7 años se les llame la Gran Tribulación o Semana 70, para evitar confusiones. Y todo comenzará a partir de Apocalipsis 6.

Al comprender que la Biblia describe un sólo período de 7 años conocido cómo la Gran Tribulación o Semana 70, es decir 7 años apocalípticos para la tierra, comprenderemos mejor los siguientes razonamientos bíblicos, en donde veremos que Dios tiene la capacidad para seguir obrando en su justicia, y en su perfecto plan para los que tememos a su nombre.

A continuación, quiero ofrecerle tres razones de varias, que le animarán a someterse, y a esperar firmemente en las promesas de nuestro salvador Jesucristo; y en estos ejemplos, usted se dará cuenta de que la iglesia de Cristo debe de salir antes de que los juicios de Dios se derramen sobre la tierra, por lo que no estaremos presentes cuando dé inicio la Tribulación, Gran Tribulación o Semana 70 de 7 años de angustia para la tierra.

Entonces E. D. «¿Por qué la iglesia será arrebatada?». Veamos la primer razón a esta pregunta.

1 Razón del por qué la iglesia será Arrebatada antes del juicio

En la Palabra del Señor encontramos que en la antigüedad Dios había dispuesto en su corazón castigar severamente a las ciudades de Sodoma y Gomorra, por el pecado abundante; su juicio estaba dictado, la sentencia para Sodoma y Gomorra fue la destrucción total de las ciudades con fuego y azufre.

Sin embargo, encontramos que Dios no podía destruirlas, porque dentro de la ciudad se encontraba gente justa y temerosa de Dios. En las siguientes citas vemos como Abraham platicaba con Dios, sobre el juicio de esta ciudad, Abraham le dice a Dios en determinadas ocasiones: "Si destruiría al justo con el impío", de acuerdo con Génesis 18:22-23. Pero antes de comprender esta porción de la Palabra de Dios, veamos el significado de justo e impío.

Lo que hace la diferencia, entre el pueblo de Dios, y el pueblo que no ha recibido a Jesús en su corazón; es qué "justo" «Es aquella persona que practica la Palabra de Dios y teme a su nombre», pero el impío «Es aquella persona contraria a la palabra de Dios y que conoce o conoció de ella», entonces la primera pregunta que nos debemos de hacer todos querido lector es: **¿Tenemos a un Dios injusto?**

Veamos que Abraham comienza un dialogo con Dios en Génesis 18:23; Y en Génesis 18:24, vemos que Abraham aboga por cincuenta justos, y Dios le dice que, por una cantidad determinada de justos, no destruiría la ciudad, Dios le garantiza que si dentro de la ciudad, "hubiera cincuenta justos la perdonaría".

En la conversación, vemos que Abraham comienza a platicar con Dios, él empieza a dialogar con su gran amigo, como un gran conocedor de lo que Dios es capaz de hacer, sabiendo que Él es el juez de toda la tierra.

Veamos como Abraham le hace una especie de reto a Dios demostrando que él tenía pleno conocimiento de la misericordia de Dios, sabiendo que al Dios que él sirvió en su momento es juez del mundo entero, y le dice en el capítulo 18 verso 25 de Génesis, «*Dios, tú no actuarías de una forma injusta, al hacer morir a los justos con los impíos*». Realmente es admirable la sabiduría de Abraham para con Dios.

Cuando Abraham plática con Dios, y le hace este tipo de cuestionamiento, me hace ver la valentía de este hombre, al enfrentarse a Dios de una forma tan respetuosa, cariñosa e inclusive desafiante.

«¿Acaso el juez de toda la tierra no ha de hacer lo que le parece justo?». Es aquí en donde cada persona debe de analizar en qué bando está; ¿En el bando de los justos o en el bando de los impíos? Es bueno que se pregunte en este momento; «¿En qué grupo estoy? ¿Del lado de los justos o impíos?».

Abraham conocía la deidad de Dios, y sabiendo quien era Él siguió preguntándole por determinadas cantidades de justos, finalmente le preguntó a Dios lo siguiente: «¿Sí solamente existieran diez justos perdonarías el juicio de Sodoma y Gomorra?». Siendo Dios el juez por excelencia le dijo que: "Por amor a esos diez justos no destruiría la ciudad de Sodoma y Gomorra. Génesis 18:32".

Aquí podemos ver que nuestro juez soberano Dios, le afirmó a Abraham, que, si hubiesen existido esos justos, Él obraría en justicia para que sean los justos librados de cualquier juicio.

Esto demuestra, que cuando Dios disponga el castigo severo en la actualidad sobre cada una de las naciones, la iglesia de Cristo, su amada, no estará en la tierra para presenciar la corrección de Dios.

Querido lector es tiempo de caminar bajo la justicia de Dios, conforme a su Palabra y a sus mandatos, si usted lo hace, tenga certeza total, de que Dios le demostró su justicia a Abram, y es al mismo juez y Dios mío a quien sirvo por siempre y para siempre; Y esto le garantizará librarle de los juicios venideros, que la Biblia ya tiene reservados para esta generación moderna, recuerde que las profecías antiguas, se han venido desarrollando con exactitud y con certeza, por lo tanto, será inevitable detener el curso de la profecía bíblica.

¿Qué fue lo que llevó a Dios a castigar a Sodoma y Gomorra?

Cuando fueron destruidas estas ciudades con fuego y azufre; cómo lo describe el relato bíblico de *Génesis 19:24*, encontramos que Dios dictó el juicio, por la gran inmoralidad que existía al practicar diversos pecados, que causaron la indignación de Dios, tal fue el caso, que la Biblia describe que los pecados subieron hasta la misma presencia de Dios (*Génesis 19:13*).

Ciertas pruebas científicas, de acuerdo con el documental presentado por el medio cristiano *Real Discoveries* llamado *Sodom & Gomorrah*, indican que en la investigación sobre este evento bíblico, efectivamente la ciudad de Sodoma y Gomorra fue arrasada por fuego y azufre, al encontrarse en el lugar residuos de actividad volcánica y cenizas; y algunos expertos alegan que la ciudad no solamente fue consumida por el fuego y azufre, sino además pudo sufrir algún terremoto de una proporción bastante considerable.

Hasta hoy en día, la nueva Sodoma y Gomorra ha resurgido de las cenizas, con la diferencia de que la corrupción pecaminosa, no solamente ha llegado a una sola ciudad, sino que se ha propagado a nivel casi mundial; la Sodoma y Gomorra moderna, está representada por diversas naciones del mundo, que han hecho a un lado a Dios, haciendo que nuevamente se dicte un juicio contra la tierra, por la adopción de diversos pecados en cada rincón del mundo, pero todo esto es profético, y lo veremos más adelante.

Si recordamos la petición que Abram le hizo a Dios, vemos que en la antigua ciudad de Sodoma y Gomorra no habían ni siquiera diez justos, pero Dios al recordar lo que Abram le había expuesto; encontró que Lot practicaba justicia en aquel lugar y era temeroso de Dios (2 Pedro 2:8), fue entonces cuando Dios mismo envió a sus ángeles, para que le advirtieran a Lot del juicio; y para que su familia abandonará inmediatamente el lugar, ya que Dios había dictado destrucción sobre esa ciudad, al determinar que la maldad y el pecado habían subido delante de la presencia de Dios, tal como lo indica el relato de Génesis 19:12-13.

Hoy en día Lot representa a la Iglesia obediente, la iglesia que está prestando atención a lo que el Espíritu nos está diciendo al corazón, la iglesia que está despierta, la iglesia que está clamando por su amado Esposo; Y esta es la iglesia que será librada de los juicios que vienen al mundo (Apocalipsis 22:17).

En nuestra actualidad, es probable que los diez hombres justos que describe la Biblia, pudiesen representar a diez millones de creyentes alrededor del mundo, que estamos esperanzados en las promesas de Dios, o quizás puedan ser cien mil creyentes o una cantidad inferior o mayor; pero, de cualquier manera, los justos debemos de salir antes de que los juicios de Dios sean derramados sobre la faz de la tierra.

La mujer de Lot, quien volvió su mirada para ver la destrucción de la ciudad; y fue convertida en estatua de sal por su desobediencia hacia Dios (Génesis 19:26), ella representa a la incredulidad y al materialismo del ser humano, quienes están esperando a que los juicios de Dios los consuman, junto con los impíos, son las personas que no tienen la capacidad de creerle a Dios, no creen que Él aún pueda obrar en justicia, y no creen que sea capaz de librarlos de su ira. Ellos son los que se quedaron y fueron dejados atrás, para experimentar y atravesar los diversos juicios de Dios, debido a su incredulidad y a su falta de fe.

La buena noticia es que toda aquella persona que quiera hacer la voluntad de Dios, y ha caminado bajo la incredulidad, Dios aún le está esperando, para que le puedan creer a su poder, que puedan creer que Dios les librará de los juicios postreros que vendrán hacia la tierra.

2 Razón del por qué la iglesia no estará en la Tribulación o Gran Tribulación

En la Biblia encontramos que, durante el periodo de la Gran Tribulación, Dios sellará solamente a 144,000 hombres de las diferentes tribus de Israel, estos hombres no podrán ser tocados por ningún juicio durante ese periodo según podemos leer en Apocalipsis 7:3-4.

Los 144,000 sellados de las 12 tribus de Israel predicarán durante ese tiempo, y son 12,000 hombres de cada una de las 12 Tribus de Israel de sangre, que es la nación que se encuentra ubicada en el Medio Oriente, y cuando multiplicamos 12x12,000, nos da un total de 144,000, y serán los que concluirán la tarea de evangelización al mundo *"para testimonio a las naciones"*, tal como lo señala Mateo 24:14.

No debemos de olvidar que un ángel anunciará el evangelio en ese periodo (Apocalipsis 14:6), indicando otra base sólida, de que la iglesia de Cristo no estará acá en la tierra "para predicar", como sugieren ciertos grupos.

Recordemos que el Sello que estos hombres llevan en su frente, es para testimonio a las naciones, ya que la nación de Israel necesitará gente de sus propias tribus, para que reciban el testimonio de Cristo Jesús o Yeshua en sus corazones, ya que es una nación muy celosa en su cultura y costumbres. ¡Imagine! si a Pablo siendo de la tribu de Benjamín le fue difícil predicarles, imagine si la iglesia de Cristo, recogida de toda tribu, pueblo, lengua y nación, se quedara a predicarles, sería el mismo resultado, para ello Dios dejará a la gente correcta, que si será escuchada por la nación de Israel, es decir, su propia sangre. ¡Gloria a Dios!

El Sello que los 144,000 reciben por parte de Dios, es importante, ya que no tendría ningún sentido, que Dios les proteja durante este periodo de Gran Tribulación, sin propósito alguno, creemos que el propósito será predicarle a su propia nación que esta esparcida por el mundo, es decir, Israel de sangre; así que olvide totalmente la idea de que los 144,000 son una representación de la iglesia aquí en la tierra, al contrario son israelitas de sangre, escogidos por Dios como lo afirma la Biblia.

Ahora bien, es aquí en donde debemos de razonar y de pensar lo siguiente: Si la iglesia de Cristo "estuviese en la Gran Tribulación", tal como sugieren ciertos grupos, entonces veríamos a un Dios completamente injusto, e irresponsable con su rebaño, pero recordemos que estamos del lado del juez justo de toda la tierra.

¿Será entonces posible? que el Dios justo que le prometió a Abram, no matar a los justos durante el juicio de Sodoma y Gomorra, venga y selle sólo a 144,000 en la Gran Tribulación, y permita que todos los que han seguido su Palabra en justicia perezcan con el impío... ¿Será esto posible? No, de ninguna manera.

Ahora bien, veamos la respuesta. Cuando el juicio estaba a punto de ser lanzado sobre Sodoma y Gomorra, Dios fue misericordioso e hizo que la familia de Lot saliese antes de actuar contra la ciudad (Génesis 19:12-13), y recuerde que Lot y su familia no salieron al inicio del juicio, ni en medio del juicio ni al final del juicio, salieron antes de que Sodoma fuese consumida por azufre y fuego, y fuese sacudida por un potente terremoto.

La promesa que Dios le hizo a Abram, sobre que no destruirá a los justos en medio de sus juicios de Sodoma y Gomorra, se hace aún vigente durante el periodo de la Gran Tribulación, porque sellará a los 144,000 para que ningún juicio los toque, porque la Esposa o iglesia de Cristo, ya estaremos en los cielos para ese entonces. ¿Dios ha cambiado su pacto? No, Dios sigue y seguirá siendo el mismo de ayer, de hoy y por todos los siglos.

Recordemos que la Iglesia de Cristo somos descendencia de Abram quien era gentil, y lo podemos corroborar en Génesis 17:3-7. La petición de justicia de Abram sigue en el corazón de Dios, puesto que todo aquel que practique justicia, vendrá a la memoria de Dios para ser librado de los juicios venideros.

Por esa razón es que Dios sella a 144,000 de las 12 Tribus de Israel de sangre (Apocalipsis 7:4-8), que por cierto estas tribus no están relacionadas con ninguna religión u organización que no tenga que ver exclusivamente con el pueblo judío israelí de sangre, así que es importante tomar dato de esto, y tampoco es la representación de la iglesia en medio de los juicios de

Dios, recuerde que al reconocer a Cristo Jesús nosotros ya fuimos sellados por su Santo Espíritu (Efesios 1:13, 4:30).

Entonces, Dios les sellará durante el periodo de la Gran Tribulación, para que ellos den testimonio de su evangelio y ninguno de sus juicios los quebrante. Dios no puede obrar en injusticia. ¿Se imagina a Dios diciendo? "Sellen solamente a 144.000 de las 12 tribus de Israel de sangre, para que mis plagas no los toquen, pero a toda mi iglesia que ha clamado misericordia y se mantienen en Santidad velando, denles el furor de mi ira".

Sin lugar a duda, el grupo de personas que profesa atravesar el periodo de la Gran Tribulación, en realidad nunca fue la iglesia verdadera de Cristo, o quizás algunos si son de Cristo, pero tienen dificultades para tener la fe y la certeza de que Cristo Jesús les puede librar. Pero recordemos que hay pueblo que pereció por falta de conocimiento (Oseas 4:1).

Por tal razón tengamos presente que, así como Dios ha operado en justicia desde la antigüedad, durante el periodo futuro de la Gran Tribulación, los justos, la Iglesia de Cristo, su amada, ya habremos salido antes de los juicios de Dios, para reunirnos con el Esposo Cristo Jesús en las nubes; y así estaremos siempre con Él.

Querido lector, hasta este momento hemos visto dos evidencias claras cómo Dios ha operado desde la antigüedad y de cómo lo hará cuando sentencie nuevamente los juicios sobre esta generación incrédula hasta la saciedad. No obstante, estoy a punto de darle una tercera y última razón de varias, donde usted verá una de las razones más sólidas que nos demuestran que la iglesia de Cristo, los lavados por la preciosa Sangre del Cordero de Dios, no estaremos durante la Tribulación o Gran Tribulación, llamada también la Semana 70 de Daniel o la Angustia de Jacob.

3 Jesús mismo participará de La tribulación o Gran Tribulación – La Iglesia no estará

Esta tercera razón, es una de las razones que nadie ha podido refutar, cuando les planteo con toda seguridad, mediante la Palabra de Dios, acerca de que es imposible que la iglesia de Cristo esté presente para la Gran Tribulación.

Lo que sucede, querido lector, es que si leemos en una parte del libro de Apocalipsis capítulo 6 se describe lo que ocurrirá con los juicios de Dios llamados *Los Sellos*, y muchos coincidimos en que la apertura de los *Sellos del Apocalipsis 6* será llevada a cabo por la mano del Cordero, quien es Cristo. Anteriormente, Juan vio en Apocalipsis capítulo 5 que nadie era capaz de abrir *Los Sellos*, pero finalmente le es revelado que Cristo el Cordero de Dios será quien abrirá estos sellos. De esa manera, sabemos que Cristo comenzará los juicios en la tierra, cuando llegue el momento.

Ahora debemos plantearnos lo siguiente: Si Cristo es el individuo digno de abrir los **Sellos de Apocalipsis 6**, es necesario recordar algo muy importante: los que somos parte de la iglesia de Cristo, que hemos aceptado a Cristo en nuestro corazón, y hemos sido lavados por la Sangre del Cordero, en ese momento pertenecemos a Cristo Jesús y somos salvos por su Gracia, al morir de forma expiatoria en la cruz del Calvario. Por esa razón no litigará juicio contra su misma o propia sangre (*Juan 6:56, Romanos 5:9*). Entonces, si Cristo nos ha extendido un periodo de Gracia, desde hace ya más de 2.000 años hasta hoy en día, quiere decir entonces que nosotros, al reconocer a Cristo en nuestro corazón, estamos cubiertos por su Sangre, su bondad y su misericordia. Esa misericordia que ha sido extendida en el tiempo conocido como «Tiempo de Gracia», que simboliza "un periodo extendido al mundo, para proceder en arrepentimiento ante Cristo".

Si la bondad y la misericordia de Cristo nos ha alcanzado, quiere decir que al abrir Cristo *Los Sellos* descritos en el libro de *Apocalipsis 6*, no puede estar operando entonces en injusticia sobre su propio pueblo que compró a precio de Sangre, lo que significa que la iglesia de Cristo no participará de esos juicios delineados en Apocalipsis 6. Y recuerde que estos sellos aún no se abrirán, no serán abiertos mientras la iglesia de Cristo sigamos en la tierra.

Como se puede apreciar, Cristo Jesús abrirá estos sellos, y esto implica que su pueblo, que él ha comprado a precio de Sangre, no estará presente cuando ocurran estos eventos en cadena. La iglesia de Cristo abandonará esta tierra antes de la apertura de los *Sellos de Apocalipsis 6*, para congregarse con Cristo en las nubes, dado que estos juicios caerán sobre la tierra, tras el Arrebatamiento de la iglesia. ¿Estará usted dentro del grupo de los que partiremos de este mundo, rumbo al Tercer cielo?

Ahora bien, Jesucristo, antes de abandonar este mundo, nos aseveró que nos enviaría a su Espíritu a quien llamó el Consolador. Según Juan 15:26, nosotros somos el templo y morada del Espíritu de Dios (1 Corintios 6:19), quien nos consuela en las situaciones difíciles, por lo tanto, es necesario examinar lo siguiente; si Cristo inicia la apertura de Los Sellos, automáticamente estaría castigando su propio Espíritu Santo que habita en nosotros, por lo que su Palabra estaría en total contradicción. Por lo tanto, la Esposa del Cordero, no estará presente para ese periodo, quien afirme que sí, ore por este hombre o mujer, o Dr. en teología o maestro, porque no ha comprendido la Gracia de Dios en su propia vida y podría inclusive arrastrar a millares a la total perdición.

Tenga en cuenta que el Espíritu Santo fue enviado para Consolar a la iglesia de Cristo, y el Espíritu de Dios, ha sido y será por toda la eternidad. Sin embargo, en la Gran Tribulación, el Espíritu de Dios, tendrá otra función para con la nación de Israel; recordemos que el Consolador (Juan 14:26) fue enviado exclusivamente para la iglesia de Cristo, y fue en el día de Pentecostés (Hechos 2:1-4), lo que significa que una vez la iglesia de Cristo partamos de la tierra, el Espíritu Santo ya no estará operando en la misma medida que operó en la iglesia de Cristo durante todo el periodo de Gracia que vivimos.

Antes de concluir este capítulo, quiero dejar clara la razón por la que le he venido martillando la importancia de tener a Cristo en su corazón, y la importancia de ser comprado a precio de Sangre, y ser parte de su amada Esposa o iglesia. Y es porque solamente al reconocer lo que Cristo ha hecho por cada uno de nosotros, obtendremos acceso a su misericordia.

Por esta razón, debemos valorar su sacrificio en la cruz del Calvario. Su sacrificio no solo nos promete la Vida Eterna, sino que también nos brinda el pasaporte para ser librados de los postreros juicios de Dios sobre la tierra. Si estamos vivos, seremos librados de ese periodo oscuro que el mundo vivirá.

Aceptar a Cristo es también un acto de arrepentimiento y de reconocer nuestra condición de pecado, y una vez que le reconocemos como el único y suficiente Salvador de nuestras vidas, es entonces que Cristo nos promete que, caminando junto a él, nosotros vamos a obtener el perdón de pecados para poder salir victoriosos en medio de las difíciles circunstancias. Y de esa manera seremos parte del glorioso Arrebatamiento de la iglesia.

En consecuencia, estas tres razones que he enumerado han de ser tomadas con gran seriedad y cuidado. Ya que esto nos brinda la oportunidad de comprender con mayor perspectiva el motivo de la iglesia de abandonar la Tierra mediante el plan de Dios para cada uno de nosotros, de esta forma, el resto de las profecías bíblicas se incorporarán y ocuparán su lugar en el mundo...

Ahora que he tocado varios puntos importantes sobre el velar en Cristo, el Arrebatamiento, y las razones de por qué la iglesia tendrá que partir de esta tierra, es momento de que pasemos a ver qué tan cerca estamos del Arrebatamiento, mediante las señales que Cristo estableció en uno de los capítulos de la Biblia más apasionantes de la Cristiandad. Para conocer estos detalles vamos a comenzar con los principios de las señales bíblicas, que, además, son una guía para conocer los tiempos proféticos que ya estamos viviendo.

Por lo demás, deseo con todo mi corazón, que este libro este siendo de bendición para su vida. Y sobre todas las cosas, mi mayor deseo es que ponga en práctica los consejos bíblicos, y las sugerencias que le he venido ofreciendo, durante el desarrollo de este apasionante tema, recuerde consultar este libro todas las veces que le sea posible.

> Estas son varias razones históricas y bíblicas, que comprueban que Dios actuará en justicia con su amada iglesia, la librará antes de que comience Apocalipsis 6.

Usted está aquí

PRINCIPIOS DE DOLORES LA PROFECÍA MATEO 24:8

Ahora comenzaremos el análisis de cada una de las profecías bíblicas que anuncian las señales previas al Arrebatamiento de la iglesia. Existen diversos aspectos importantes que debemos reconocer en los Evangelios del Nuevo Testamento. Hay un punto de partida para comprender los tiempos actuales que estamos viviendo, para ello quiero proporcionarle con detalle lo que Cristo anunció en el libro de Mateo capítulo 24, donde la Biblia declara que Jesús ofreció un discurso muy importante mientras se encontraba sentado en el *monte de los Olivos*.

Este discurso está lleno de hechos relevantes para nuestra actualidad. Y en aquel momento, aun los propios discípulos no comprendieron con claridad, a lo que Jesús quería decir cuando expuso cada una de las cosas que precederían a su venida (Mateo 24:3).

Algunos teólogos creen que estos eventos descritos como ***"principios de dolores"*** hasta Mateo 24:8, no se deben de interpretar como "señales bíblicas". Las causas que les han impulsado a pensar así, tienen que ver con el hecho de que han estudiado estos eventos conforme a la formación teológica, y algunos se han encerrado en lo que estudiaron en los años setenta, ochenta y noventa. Sin embargo, hay algo que ellos no han comprendido, y es que hay que aceptar que la investigación de una parte de la Biblia, ha de hacerse de forma progresiva. Es decir, la profecía ha sido velada para algunas generaciones y Dios, mediante su poderosa gracia, ha venido quitando el velo de varias profecías que van cobrando vida conforme nos vamos acercando al Arrebatamiento.

En *Daniel 12:4*, se habla del aumento de la ciencia, pero, así como la ciencia va en aumento, también el conocimiento de la Palabra de Dios, está en aumento cada día que pasa, ¿Y por qué digo esto? porque en *Daniel 12:8-9* Dios mismo le advirtió a este de que no le explicaría algunas cosas de esa visión. Tengamos en cuenta que Daniel estaba lleno de la ciencia y sabiduría de Dios, sin embargo, Dios mismo le dijo "*estas palabras están cerradas y selladas hasta el tiempo del fin*", y creo con todo mi corazón que estos **principios de dolores** fueron dados, no para el pueblo de Israel en su totalidad, sino también para el cuerpo de Cristo.

Si estas señales fueran para la Gran Tribulación, para entonces ya no serían eventos de alta trascendencia, sino que serían eventos que la humanidad sin Cristo no entendería, pues recordemos que, para ese entonces, después del Arrebatamiento, el mundo estará siendo azotado por los Sellos, las Trompetas de juicios, las Copas de la Ira de Dios y las Plagas. Y todo dará inicio en *Apocalipsis 6*, por lo tanto, los principios de dolores que la Biblia señaló en Mateo 24:8, con toda seguridad han de ser eventos que señalarían el tiempo del Arrebatamiento, y a continuación vamos a detallar si son estos eventos junto con otras profecías bíblicas, los que indicarán el termómetro o tiempo del Arrebatamiento.

Antes de explicarle esta parte de la profecía bíblica que trata sobre los principios de dolores, quiero ofrecerle una figura para que comprenda cómo es que las profecías de la Biblia están ya girando a nuestro alrededor. En la pequeña guía que a continuación le compartiré vemos el orden cronológico del desarrollo profético, tanto presente y futuro, siendo la Biblia nuestra guía y la base exacta para comprender los tiempos actuales.

Principio de Dolores	Arrebatamiento	Gran Tribulación (Tribulación)

El principio de dolores es similar a los dolores de parto en una mujer

Tengamos en cuenta que el "Principio de Dolores" la Biblia lo relaciona con una mujer que tiene en su vientre a un bebé. Y antes de dar a luz hay dolores de por medio, estos dolores son fuertes y regulares.

Esta profecía viene siendo similar a esos dolores de parto que las mujeres sufren al dar a luz a una hija o hijo. Para corroborar esta palabra, vamos a ver algunos versos de la Biblia que nos hablan acerca de los dolores relativos al embarazo de una mujer, y como los diversos eventos que están ocurriendo en el mundo en la actualidad son comparados con esto. Le recuerdo nuevamente que puede mantener su Biblia junto a usted para ir tomando apuntes si lo desea.

Dolores cómo de mujer encinta en la tierra

En el verso de 1 *Tesalonicenses* 5:3, vemos que el apóstol Pablo está hablando de una profecía futura, que tiene que ver con la "Paz y la Seguridad" que el mundo busca en estos momentos, pero menciona a la mujer que está sufriendo dolores durante el embarazo o cuando está encinta.

Esto significa que estos dolores se incrementarán mientras el tiempo vaya transcurriendo, al llegar a la cúspide de la profecía, será demasiado tarde para las personas que no reconocieron a Cristo en sus corazones, pues ya no tendrán escape de las cosas que caerán sobre la tierra.

Por eso debemos tener sumo cuidado, y prestarle delicada atención a los dolores de parto que el mundo sufre en la actualidad.

Recordemos que el parto se divide en tres etapas: *dilatación, expulsión y alumbramiento*. Si comparamos estos dolores que la tierra sufre, con los dolores de parto que sufre una mujer antes de dar a luz, estaríamos hablando de que en el mundo sucederán varios eventos en cadena y llevarán un orden secuenciado. Este dolor que la Biblia nos declara viene de la palabra "Sustenazo", y quiere decir "*Gemir en conjunto*", es decir, la iglesia de Cristo sufrirá antes de que llegue el alumbramiento sobre la tierra. Este será el trato de Dios sobre el mundo, o el día del Señor, que comenzará cuando la iglesia ya no estemos acá en la tierra.

Ahora bien, el grito desgarrador de una mujer, cuando está a punto de dar a luz, es bastante conmovedor, pero si lo aplicamos a la tierra, nos daremos cuenta de que llegará un momento, en el que nosotros lloraremos, al ver los diferentes eventos en cadena que el mundo estará atravesando, en el **"Principio de Dolores"** que Cristo nos advirtió.

Dolores de parto en la creación

En Romanos 8:22, el apóstol Pablo nos da un ejemplo de estos dolores que la tierra estará sufriendo. Y como bien lo dijo nuestro Señor y salvador Jesucristo, todo esto (lo que sucede actualmente) serán los Principios de Dolores que la tierra atravesará.

En este verso de la Biblia, se menciona que la creación aún está sufriendo dolores de parto, similares a los de una mujer embarazada que está a punto de dar a luz.

La Biblia nos muestra que estos dolores serán vistos por nuestros ojos en su creación y, de hecho, hasta este momento hemos ya estado observando la masiva muerte de animales en todo el mundo.

Por ejemplo, las aves se han estado precipitando a tierra "sin motivo alguno", o en las aguas de diferentes océanos y ríos, los peces, ballenas, delfines, y bastantes especies marinas han estado muriendo. Todo esto "no ha tenido una respuesta concreta para la ciencia". Pero, gracias a Dios, la Biblia siempre tiene respuestas para comprender estos eventos y nos arroja mucha luz.

Ahora bien, es evidente que estos dolores están delineados

claramente en la Biblia, y quizás pueda preguntarse; «¿La Biblia habla sobre la muerte de animales?». Más adelante profundizaremos en este tema, para analizar por qué los animales de la divina creación están muriendo.

El principio de los dolores

En Mateo 24:8 Cristo habló acerca de todos estos acontecimientos que recién le expliqué, y que ya están sucediendo en el mundo. Y estos acontecimientos son las señales que están dirigidas especialmente para el cuerpo de Cristo (su iglesia). Sin embargo, solamente será el **Principio de Dolores**, esto quiere decir que, si comparamos los dolores de parto, con los dolores de la profecía bíblica, entonces ya estamos viviendo sobre el tiempo que la Biblia describió en nuestra generación, para que esperemos la reunión con Cristo en las nubes.

Si todas estas cosas que ya están aconteciendo en el mundo, se están ya incrementando cada día que pasa de manera desmedida, nuestro tiempo como iglesia de Cristo, está ya a punto de concluir en esta tierra.

Por esa razón es importante reconocer estos tiempos proféticos que la iglesia de Cristo ya estamos viviendo, porque pronto el Señor vendrá a buscarnos, para llevar a su amada iglesia, hacia una fiesta gloriosa que describe el libro de Apocalipsis, en una gran cena llamada las Bodas del Cordero (Apocalipsis 19:9).

En consecuencia, debemos comprender que "**Principio**" significa «**El origen de algo**». Estos eventos serán los principios de dolores en la tierra, y las primeras señales que marcarían a nuestra generación.

Nosotros conocimos las advertencias de Cristo debido a que sus discípulos, estaban intrigados por conocer las señales del fin, y es entonces que ellos decidieron hacerle varias preguntas acerca del futuro y lo que acontecería antes de su regreso.

Como consecuencia de estas preguntas, vemos que se generarían una serie de respuestas por parte de Jesús, quien no solo les habló sobre una señal, sino que también nos dejó una serie de claves muy importantes. Ahora comprendemos de una manera inequívoca, que nosotros somos la generación que veríamos estos eventos. Y Cristo mismo nos advirtió que aquella generación que viera con claridad los sucesos que él describió, sería la que partiría en el Arrebatamiento y la que presenciará su Segunda Venida.

Los discípulos de Cristo decidieron enfrentar al Maestro de maestros, y le hicieron varias preguntas que más tarde se convertirían en claves importantes para el Cuerpo de Cristo en nuestros días, lo que nos lleva a conocer que el fin se está acercando.

Tengamos en cuenta que Jesús les contestó a sus discípulos, consciente de que su respuesta un día llegaría a la generación correcta. Por tal razón, creemos que el tiempo está cerca. Solo resta que el mundo se arrepienta de toda falta y puedan estar preparados para el encuentro glorioso con Cristo Jesús.

A raíz de estas respuestas que Cristo nos ofreció en Mateo 24, los diversos teólogos y eruditos de nuestra época, tanto judíos de sangre llamados mesiánicos, que reconocen a plenitud el Nuevo Testamento, como los teólogos de diferentes nacionalidades, concuerdan en que estas señales marcarán el inicio del fin. Y recordemos nuevamente, que Cristo las anunció cuando los apóstoles le preguntaron al Maestro de maestros las señales de su venida, y del fin de siglo.

> Actualmente usted se encuentra aquí, viviendo los *Principios de Dolores* que *Jesús nos advirtió,* en Mateo 24. Por lo tanto, no pasaremos de este evento profético mientras la iglesia de Cristo sigamos acá en la tierra.

SEÑALES ANTES DEL ARREBATAMIENTO

Harpazo

En el relato de Mateo 24, verso 3, podemos leer que los discípulos de Cristo se apartaron con Él para hacerle la pregunta sobre las señales que precederían a su Venida. Antes de hablar de estas señales, quiero aclararle que en este relato, Cristo está hablando de dos etapas proféticas, una será para nosotros (el Arrebatamiento de la iglesia), y la siguiente etapa será su Segunda Venida a tierra, que es un evento para la nación de Israel. Y es aquí, donde solamente la sabiduría del Espíritu de Dios, nos puede mostrar con claridad a lo que Cristo se refirió en cada una de sus palabras.

Además, debemos recordar que, de acuerdo con las profecías, la sabiduría de Dios iba a aumentar conforme fuese llegando la generación que ha de ser testigo de su Arrebatamiento, y esto está sucediendo actualmente debido al aumento de la ciencia.

Regresando a las palabras de Cristo en Mateo 24, podemos comenzar a ver una serie de señales que él nos advirtió, pero antes analizaremos algunas preguntas que los discípulos le hicieron a Jesús en Mateo 24:3, y estas son algunas preguntas claves e importantes, que a continuación quiero aclararle para avanzar en este apasionante tema.

Los discípulos le preguntan a Jesús en Mateo 24:3: «¿Cuándo sucederán estas cosas?». Vemos entonces, que esa primera pregunta inicia con la destrucción del templo y la ciudad de Jerusalén, y esto fue realizado en el año 70 d. C. donde el emperador Tito, quien en ese tiempo era un general de las tropas romanas, destruyó la ciudad y el templo de Jerusalén, cumpliendo así con la primera etapa de la profecía que Cristo les anunció a sus discípulos.

Entonces, vemos que Jesús habló en Mateo 24:2, sobre la destrucción del templo en Jerusalén, y esta profecía fue cumplida con exactitud en el año 70 d. C. y recuerde que fue por el general Tito, quien más tarde fue un emperador romano.

Luego los discípulos le hacen otra pregunta a Jesús, y le dicen: «*¿Dinos que señales veremos de tu Venida?*». A pesar de que en ese tiempo Jesús ya hablaba del Arrebatamiento en Juan 14:3 y Mateo 24:40-44, los discípulos desconocían a que se refería Jesús en su discurso, ya que el misterio del Arrebatamiento le fue revelado al apóstol Pablo, varios años después, tal como lo analizamos anteriormente.

Sin embargo, estas señales no solamente serían las que anunciarían el Arrebatamiento para la iglesia. Además dentro de Mateo 24, encontramos palabras de advertencia para los judíos que se conviertan a Cristo en la Gran Tribulación: ellos esperarán la Segunda Venida de Cristo, y este es el evento que será para cerrar otras profecías bíblicas, que dicen que Cristo viene para gobernar a las naciones.

Y es así como hoy comprendemos que los principios de dolores serán el termómetro para la iglesia de Cristo. Y terminados estos principios de dolores, la iglesia ya no estará presente en la Gran tribulación, un periodo que el pueblo de Israel sí atravesará, y que se conoce como la Semana 70 de Daniel para este pueblo, y es una semana de 7 años proféticos de prueba que aún no se han cumplido.

Después de que los discípulos ya le hubieran preguntado, sobre cuándo sucederían esas cosas y "Las señales de su Venida", vemos que después también tuvieron curiosidad sobre "el fin del mundo o el fin del Siglo".

En esta parte de la profecía, cuando los discípulos preguntan sobre el "fin del siglo", en realidad se están refiriendo al final de todos los acontecimientos proféticos, pero estos concluirán con la majestuosa Segunda Venida de Cristo a la tierra, un evento único. Y recuerde que este evento no es el mismo que el evento del Arrebatamiento.

Vamos a analizar las señales que han de suceder para dar origen al evento del Arrebatamiento, ya que, para analizar las señales de la Segunda Venida de Cristo, me tomaría otro estudio más profundo.

Y para comenzar vamos a notar que Cristo comienza con una señal muy importante en Mateo 24:4, al hablar sobre **"el engaño"**. Y de esa manera entramos de lleno, a ver cada una de las señales que indudablemente nos indican que la venida del Señor está más cerca que nunca.

A partir de este momento usted lleva bases bastante fuertes, para que pueda comprender en qué tiempo profético estamos viviendo en la actualidad, y que tan cerca estamos del Arrebatamiento de la iglesia, el evento del que usted ya forma parte, o para el que estará preparado(a) al finalizar este libro.

> Las señales que a continuación analizaremos con detalle, demuestran que tan cerca estamos ya de este evento profético llamado el Arrebatamiento de la iglesia de Cristo.

1

MATEO 24:4

MIRAD QUE NADIE LES ENGAÑE

Debemos considerar, como primer punto, que el primer engañador registrado en la Biblia se llama Satanás. Desde el principio sedujo a Eva con engaños para que contaminara su cuerpo, con aquel fruto que se encontraba en el huerto del Edén (Génesis 3:13). Por lo tanto, antes de analizar esta palabra, recordemos de quién proviene todo el engaño que actualmente el hombre practica en la tierra. Dicho esto, vamos entonces a definir el significado de esta gran señal de estos últimos tiempos.

Jesús habló acerca del engaño que precedería antes de su Venida, y veamos de donde proviene la palabra engaño, para comprender de una forma más profunda su significado.

El engaño, de acuerdo con varios diccionarios bíblicos, vemos que tiene varios significados:

Ahora veamos algunas palabras del original, por ejemplo «Ajpatavw» que significa «Apatao», que quiere decir lo siguiente: *"Aquellos que engañan con palabras vanas"*, o también podemos encontrar la palabra «Shaw» que significa: *"Malicia, fraude, engaño, falsedad, vanidad, vacío"*. Y más adelante vamos a analizar cada palabra para estar alerta sobre el engaño del mundo.

Ahora, después de conocer los diversos significados de la palabra "engaño", la siguiente cita nos ofrece una advertencia que Jesús dejó y que debemos tomar muy en cuenta. Entre varios factores importantes, él dijo lo siguiente en Mateo 24:4:

"Miren que nadie les vaya a engañar".

Cuando escuchamos la palabra "engaño", quizás imaginamos que se refiere solamente aquellas personas que están en alguna posición ventajosa predicando falsedades. Sin embargo, vemos que la palabra abarca muchas personalidades que encontraremos en nuestro caminar con Cristo, y pueden perturbarnos en el camino de la fe para apartarnos de la verdad con sutileza, y dejarnos fuera de la Palabra o doctrina de Dios. En consecuencia, aquellos que se dejen engañar, se perderán del Arrebatamiento.

Viendo entonces los diversos significados de la palabra "engaño", vamos a encontrar una mejor definición para las palabras que Cristo describió. De esa manera, encontramos que dentro de ese engaño y en su caminar con Dios, nos encontraremos con personas de "palabras vanas" que tratarán de desviar su atención de Cristo Jesús.

ANÁLISIS DEL ENGAÑO QUE EXISTE Y SUS DERIVADOS

Palabras Vanas - Jesús nos dice: "Mirad que nadie les engañe con palabras vanas". Esto se refiere a la semilla interior que produce el fruto de la persona, llevando a sus escuchas a conocer un hueco o vacío, que no tiene solidez nutricional para alimentar el alma con la Palabra de Dios.

La Malicia - Dentro del engaño también se encontrará en su caminar en Cristo con personas "maliciosas", estas personas tienen una mente que, según la Biblia, Jesús les llamó fariseos o saduceos, porque trataban con maldad de hacerle daño. Una de las formas era por medio de preguntas completamente maliciosas (puede encontrar un ejemplo en Mateo 22:15-22), para que él quedara en "vergüenza", pero nunca lograron derrotarle por ser el hijo de Dios mismo.

De igual forma, dentro de su caminar con Dios, encontrará una serie de personas maliciosas que recurrirán al "engaño", palabra que encierra muchos derivados. Usted verá que la malicia usualmente proviene de personas que tratarán de acorralarle con preguntas vanas, tal como se muestra en el ejemplo de la cita que ofrecí. Pero, en medio de eso, Jesús nos recuerda: "Mirad que nadie les engañe con su malicia".

ADVERTENCIAS PARA NO CAER EN EL ENGAÑO

El fraude - El engaño viene también a través del fraude, que es una acción contraria a la verdad, perjudicando a la persona contra la que se comete. Tras analizar esta palabra podemos derivar muchas conclusiones, pero veamos algo breve, el fraude puede venir de diversas maneras, puede ser por medio de una persona que miente con astucia. Y es que regularmente, cuando hablamos de fraude, inmediatamente pensamos en algún líder importante que quiere enriquecerse por medio de fraude. Pero el concepto es un tanto erróneo, ya que el fraude muchas veces puede darse en cualquier lugar del mundo, y no necesariamente vendrá de un líder relevante. Viene de toda aquella persona que ejerce mentira para lograr envolverle y desviarle de la verdad. Por eso Jesús nos alerta: "Mirad que nadie les engañe con el fraude".

La falsedad – La advertencia sobre la falsedad también la podemos encontrar en diversos lugares. Si la tomamos espiritualmente, el hombre falso puede atraerle hacia sus garras, desviándole de su fe. Las personas jóvenes, sobre todo, deben de tener cuidado incluso dentro de las congregaciones, porque estos falsos lobos rapaces ingresarán hasta para hacerse pasar por creyentes, e incluso imitarán "amar a Dios", pero dentro de sus corazones solo hay perversión y destrucción, con el propósito de arrastrarles hacia sus garras.

Estos lobos disfrazados de ovejas pueden también utilizar palabras astutas para arrastrarles y llevarlos a sus garras, logrando el objetivo que es desviarle de su fe, o viceversa. La falsedad consiste también en la simulación de la verdad, es decir, una persona que simula ser correcta y recta, pero en realidad está fingiendo una falsa verdad. Pero por esa razón Jesús nos dice: "Mirad que nadie les engañe con su falsedad".

La vanidad – La palabra vanidad abarca la arrogancia, la presunción, la soberbia, el orgullo, la jactancia y la vanagloria. Además, es depositar su fe en el materialismo, etc. Debe guardarse de aquellas personas que tratarán de engañarle con su vanidad, porque si es arrastrado/a, es evidente que no está obedeciendo las advertencias de Cristo Jesús, lo cual le dejaría fuera del Arrebatamiento de la iglesia. Por lo tanto es importante cuidarse del materialismo. Finalmente en *Eclesiastés 1:2* encontramos la respuesta: "Todo es vanidad". Por eso, es como si Jesús dijera: "Mirad que nadie les engañe con su vanidad", y yo sugeriría: "No engañe su corazón con las cosas vanas, porque ellas perecerán, más su alma vivirá para siempre". Por ello es importante atender con humildad los negocios de nuestro Padre para esperarle.

Palabras vacías - Por último, el vacío que viene de la palabra «Kenos», también simboliza un fruto malogrado y vano, y de acuerdo con el diccionario bíblico, el vacío también puede significar el compartir una enseñanza errónea, y curiosamente esta palabra viene a desembocar en algunos ejemplos ofrecidos anteriormente, pero Jesús nos recuerda: "Mirad que nadie les engañe con palabras vacías".

El gran engaño del fin de los tiempos lo podemos ver en este preciso momento, todos estos derivados de la palabra engaño, los estamos viendo en gobiernos, presidentes, e inclusive diversos líderes que han cambiado la Palabra de Dios por palabras vacías. Pero es evidente que Jesús se refería a no ser engañados por doctrinas erróneas, y hombres que tienen las cualidades descritas en el análisis, quienes son gobernados por el engañador de engañadores, Satanás. El verso en sí es una advertencia para todos aquellos que desean esperar el Arrebatamiento, pero que deben estar vigilantes para no caer en alguno de los ejemplos señalados.

Jesús nos dice: *Mirad que nadie...* -es decir, "Ninguna persona" que tenga esas obras-... les engañe.

¿Por qué razón Jesús nos advierte de esto?

Porque si alguien cae bajo el engaño o es un engañador/a, de los ejemplos mencionados, no hay duda de que, aunque piense estar en lo correcto, no podrá recibir a Cristo Jesús en las nubes para vivir siempre con él. Por esa razón, debe pedirle a Dios, para que por medio de su Espíritu Santo le pueda dirigir al lugar correcto (congregación correcta), y recuerde que el primer refugio que puede encontrar está en su Palabra, y luego puede decirle "encamíname a tu verdad Cristo Jesús, porque quiero ser parte de este evento glorioso". Estamos rodeados de engañadores, y Cristo quiere que permanezcamos en su Palabra para ser parte de su venida.

Ahora pasaremos a hablar de otras señales bíblicas, y conforme vayamos viendo el resto de las señales, trataré de irle detallando cada palabra que Cristo describió. Le garantizo, querido lector, que conforme avancemos usted estará viendo el cumplimiento exacto de cada una de las profecías de la Biblia en este preciso momento, ¡Le sorprenderá!

Pero antes de comprender cada señal previa al Arrebatamiento, veremos ciertas profecías descritas en el Antiguo Testamento, para comprender algunas palabras que fueron dichas hace cientos de años atrás, y que en nuestra actualidad pareciese que apenas fueron escritas ayer por la exactitud con la que se han cumplido.

Tal como lo vimos en la palabra "engaño", de igual manera, cada palabra que Cristo describió en esta serie de señales que nos ha dejado a su iglesia, tiene mucha importancia en la actualidad. Todo esto nos debe de alentar, por muy negativo que parezca el mundo, para poder estar de pie delante del Señor y preparados para su Venida, que puede incluso ocurrir mientras lee este libro.

> No permita que el enemigo le atrape conforme avancen los días hacia el Arrebatamiento, usted visualizará una cantidad bastante grande de engañadores, pero usted ya está en alerta máxima.

MATEO 24:5

VENDRÁN MUCHOS "EN MI NOMBRE"

El Señor nos advirtió que una de las señales de su venida, sería que en el mundo nos encontraremos con muchos personajes, que utilizarían su nombre para "engañar" sin escrúpulos a muchas personas, esta señal abarca muchas personalidades. En la actualidad por el mundo pululan una cantidad de personajes que se hacen llamar "cristos", pero en este libro no voy a mencionar cada uno de los falsos cristos, puesto que no es necesario resaltar a estos farsantes, engañadores y manipuladores.

Lo que debemos tomar en cuenta es que la misma Biblia nos advierte que, cuando estos engañadores digan: "Yo soy Cristo, ¡Síganme!", hay que tener mucho cuidado. Aquellas personas que mantienen una postura bíblica, inmediatamente deben saber que Cristo no se aparecerá en la tierra sin antes haber arrebatado a su iglesia (1 Tés. 4:17), momento en que subiremos hacia las nubes, para encontrarnos con nuestro amado Salvador Jesucristo.

Por tal razón, ninguna persona que se hace llamar "Cristo" aquí en la tierra, tiene ningún poder enviado desde el cielo, más que el poder de "engañar", y por esa razón, el Señor nos advierte de guardarnos del engaño, siendo esta una de las primeras señales que Cristo nos invita a tomar precaución.

Hay una gran cantidad de falsos cristos en cada rincón del mundo, y cómo siempre, muchos seguidores se están sumando a sus campañas masivas cada año que pasa.

Supe que algunos de ellos (los falsos cristos) han comprado a las personas con dinero, con tal de que ellos se sumen a sus falsas creencias, muchos por el dinero lo hacen, pero esto es como vender su dignidad e incluso su propia alma al enemigo. Por esa razón, el Cristo de la Biblia, promete riqueza Eterna sin engaño alguno, y fue pagado en la Cruz del Calvario, a precio de Sangre por cada uno de nosotros.

Es curioso que cualquiera de nosotros pudiese decir: "Yo estoy bien con Dios, nadie me vendrá a engañar", pero resulta que hay personas que han sido fieles creyentes al evangelio de Cristo y en la actualidad aprueban a hombres que se hacen llamar "cristos". Esto realmente tiene que ver con una actitud contraria a la verdad en Cristo.

Estas personas han caído bajo el engaño, debido a su falta de fe, y a su falta de práctica y confianza en la Palabra de Dios. Han permitido que sus pensamientos sean gobernados por estos espíritus engañadores, dejando a un lado la guía del Espíritu de Dios a través de su Palabra.

Tal como lo dije anteriormente, en esta señal es importante recordar que Cristo vendrá en las nubes para llamar a su amada Esposa, por lo tanto, debemos recordar este dato, y tratar de detectar a los falsos cristos que ya están en el mundo, además es bueno intentar sacar del error a aquellos que han caído bajo este engaño.

"Muchos vendrán en mi nombre", dijo Cristo, "y muchos serán engañados". Recordemos también que hay religiones en las cuales han utilizado a "embajadores de Cristo", quienes no cumplen ni siquiera los requisitos de algunos de los apóstoles descritos en la Biblia. De ellos también hay que tener sumo cuidado, para no caer en el error, y ser parte de la profecía que Cristo mismo nos advirtió diciendo: **"Muchos vendrán en mi nombre"**.

Esto quiere decir, que no todo el que dice que "viene en nombre de Cristo" traerá una doctrina de acuerdo con la Biblia, es decir, no todo el que le diga: "Nosotros también creemos en Cristo" viene de Dios, porque recuerde que incluso el enemigo conoce a Cristo, y eso no significa que se arrepintiera. Así que debemos tener mucho cuidado acerca de lo que escuchamos o leemos. ¡Alerta!

> Recuerde: Jesús no aparecerá por el momento aquí en la tierra, el día que aparezca habrá eventos cósmicos y potentes señales que indicarán que él viene con poder y gran gloria a establecer su reino milenial.

MATEO 24:6

GUERRAS Y RUMORES DE GUERRAS

Durante los últimos años, el mundo ha experimentado un aumento considerable de guerras, algunas de las cuales podrían parecer "pequeñas". Sin embargo, estoy de acuerdo en que no hay guerra pequeña, que no deje grandes pérdidas en nuestra sociedad. Lamentablemente, estas guerras, provocadas día a día por diversos intereses, son una señal del cumplimiento de los eventos previos al **Arrebatamiento**.

Además, es un escenario profético que, si bien Dios lo tiene todo bajo su control, ocurre por causa del aumento de la maldad del hombre. Hemos estado viendo ante nuestros ojos cómo las guerras han estado haciendo estragos en diferentes países. Pero, si vamos a la historia y retrocedemos un poco el tiempo, veremos cómo el hombre ha estado formando parte de las profecías bíblicas. Me gustaría nombrar algunas de las guerras más importantes que han marcado negativamente al mundo en algunos aspectos.

I GUERRA MUNDIAL

Entre ellas se encuentra la I Guerra Mundial, que dio inicio el 28 de julio de 1914, teniendo esta guerra una participación de las grandes potencias del mundo, en un conflicto en el que se vieron envueltas 32 naciones, dejando un número incalculable de muertes; pero se estima que 10 millones de soldados fallecieron, y al menos 21 millones de soldados resultaron heridos, una cifra escalofriante que reveló el profesor de la Universidad de Utah Edward J. Davies II, en su informe llamado *Consecuencias de la I Guerra Mundial*.

Pero si se contabilizaran las muertes de los civiles, las cifras aumentarían considerablemente a un aproximado de 50 millones de vidas. Finalmente, esta guerra concluye en 1918, dejando "una aparente lección al mundo para no repetir la historia".

Después de esta guerra, el mundo aún no tendría suficiente, nuevamente las aguas se agitarían años más tarde, y una nueva guerra daría apertura para que se formase una de las profecías de la Biblia, que es extremadamente importante, y que está vigente hasta este momento. Y es aquí donde debemos prestar mucha atención. Ya hablaré más adelante con detalle sobre esta profecía que está ahora en curso. Pero mientras tanto veamos estos datos que a continuación mencionaré, y que es una de las formas de reconocer el tiempo de la partida de la iglesia de Cristo.

Es importante saber de antemano, que cada una de estas guerras ha marcado la historia de la humanidad. Sin embargo, sobre todo, han sido solo la antesala para lo que vendrá al mundo tras el Arrebatamiento. Ahora recordemos la historia de la II Guerra Mundial.

LA II GUERRA MUNDIAL EN LA PROFECÍA

Esta guerra ha pasado muy desapercibida ante varios teólogos de la época. Sin embargo, realmente es una de las guerras en las que, a pesar de la crueldad con que se les arrebató la vida a millones de personas, había una profecía en Isaías que estaba a punto de cumplirse, y que aún está en proceso hasta este momento.

La II Guerra Mundial dio inicio en 1939, y el profesor Herbert F. Ziegler de la Universidad de Hawái, quien es autor de varios libros, dijo: «Esta guerra ha sobrepasado un conflicto jamás librado en guerras anteriores». Esto debido a que participaron 1.700 millones de personas de 61 países a nivel mundial, dejando en el combate una cifra desastrosa y lamentable de pérdidas humanas, y de destrucción en varias ciudades.

A raíz de toda esta guerra, tras la rendición de Alemania en 1945 y la rendición de Japón ese mismo año, también terminó la persecución del pueblo judío, que sufrió millares de pérdidas humanas. Es entonces cuando los judíos logran también retomar sus tierras, que fueron dadas por pacto sempiterno, en el año de 1948, tras aprobarse varios votos y algunas negociaciones. Esto ocurrió tres años después de haber sufrido en la II Guerra Mundial, y de quedar varios sobrevivientes de los campos de concentración que había dejado el líder alemán. De esa manera, logran obtener su patria.

Es increíble que, tras la guerra, el pueblo judío comience a regresar a las tierras bíblicas que les habían sido entregadas siglos atrás. Esta vez, la profecía de Isaías 43:5-6 estaba siendo cumplida y sigue en progreso hasta este momento. Esta profecía declara que, por la misericordia de Dios, Israel "regresaría de los diversos puntos cardinales a sus tierras, al haber sido desterrados de Israel". Y recordemos que habían sido exiliados en el año 70 d. C. por el general Tito, quien más tarde fue un emperador.

De alguna manera esta guerra causó que los judíos tuviesen una patria, pero no solamente fue una patria, activaría otra profecía que se encuentra en el mismo capítulo de Mateo 24, y que iremos viendo más adelante.

Al menos he mencionado dos de las guerras más impactantes, y debemos recordar que ya han pasado muchas guerras durante los últimos 2.000 años, desde que Cristo profetizó esto, pero estas guerras son las que más se asemejan a nuestra actualidad y a las señales del fin de los tiempos. Recordemos un dato importante, tal como lo mencionó el profesor Ziegler, hasta la fecha la II Guerra Mundial, ha sido una de las guerras más catastróficas que la humanidad ha atravesado en la historia, e increíblemente es la que da margen a la profecía del retorno de Israel. ¿Coincidencia bíblica? No lo creo, para Dios no hay coincidencias.

Ahora bien, Cristo nos habla acerca de guerras, y a continuación quiero hacer un resumen de todas las guerras que se han venido dando en los últimos años. Recuerde que hemos tenido varias guerras que ocurrieron en el pasado y dejaron historia, sobre todo la que vivió Israel en "La Guerra de los Seis Días", luego vemos las guerras más recientes en el Oriente Medio, donde hay otra serie de profecías que se están cumpliendo en algunos de los países, y estas guerras pudiesen estar ya encaminándonos hacia la guerra de **Gog y Magog** descrita en *Ezequiel 38, 39* y que le hablaré más adelante en este libro.

Todos los días escuchamos en los noticieros sobre rumores de guerras y sobre la agitación de las naciones, que se amenazan unas a otras. Todo esto no es producto de nuestra imaginación ni de la casualidad. Desde la II Guerra Mundial hasta esta época, no han pasado muchos años. Si volvemos a revivir esta guerra, pareciera que hubiese sido ayer.

Esto significa una sola cosa: en el tiempo de Dios esto ha ocurrido a escasos segundos o minutos y no ha pasado mucho tiempo. Por lo tanto, esta señal que Cristo describe lleva un gran significado, especialmente cuando analizamos el resurgimiento de Israel desde 1948 hasta la fecha actual, donde no han pasado muchos años desde que esta profecía se cumplió.

NO DEBEMOS PERTURBARNOS

Hay algo muy importante que hemos de tomar en cuenta, y es que Cristo nos advierte que no debemos perturbarnos sobre estos acontecimientos, especialmente las guerras que están ocurriendo en el mundo. Todo esto al final es parte del cumplimiento profético, y si nos damos cuenta, es el hombre que tras su hambre de poder, de avaricia, de soberbia contra Dios y de querer gobernar el mundo, quien ha causado que estas guerras aumenten constantemente en el mundo, llevando a aquellos que no conocen de Cristo a mantenerse asustados y con miedo. Pero para la gloria de Dios, el Señor nos ha dicho que «es necesario que todo esto acontezca», pero nos recuerda que «aún no es el fin».

Es importante destacar, que muchos en el mundo creen que en cuanto comienza una guerra, el fin se está acercando al mundo. Cristo mismo nos advierte que todas estas cosas son solamente los principios de los dolores en la tierra.

Es fundamental recordar que, según la Biblia, para llegar al fin del mundo tiene que transcurrir un tiempo bastante determinado. Tras el Arrebatamiento, lo que el mundo estará experimentando es solamente el principio del fin, dando paso a otra serie de profecías bíblicas, de las cuales no hablaré en esta ocasión para continuar con el tema principal de este libro. Sin embargo, sí es relevante recordar la importancia del Arrebatamiento, el evento que marcará verdaderamente el inicio del fin.

Mientras tanto, todas las guerras antes del Arrebatamiento, son *guerras y rumores de guerras* que estarán a la orden del día, y todo esto ocurrirá mientras la iglesia (el cuerpo de Cristo), que somos todos los que aceptamos a Cristo en nuestros corazones, nos encontremos en la tierra, nosotros vamos a ser testigos de estos acontecimientos. No obstante, mientras más se agrave la situación en el mundo con respecto a las diversas guerras, más nos encontraremos al filo del Arrebatamiento, ya que cada una de las guerras son parte del fundamento profético en la Biblia, como la mujer encinta, así estos eventos traerán dolor al mundo tristemente.

Debemos entonces reconocer lo que sucede especialmente en el Oriente Medio, que es de donde partirá lo que conocemos cómo la guerra de *Gog y Magog*, descrita claramente en *Ezequiel 38 y 39*.

Hasta este momento todas las naciones están agitadas, tal como lo declara el libro de Zacarías 12:3, profecía de la cual hablaré más adelante, ya que es parte de las guerras que Cristo describió para el fin de los tiempos, pero es una de las señales inequívocas de que estamos cerca del Arrebatamiento.

Hemos de recordar que el mundo está atravesando otro tipo de guerra: las guerras por el dominio económico, por el poder, las guerras tecnológicas, las guerras por el dominio del mundo... Lo que ha cambiado el juego en algunos aspectos, es decir, ya estamos en guerras, y pocos se han dado cuenta de esto.

> Jesús mismo nos advierte que las guerras "no han de perturbarnos", sucederán más a menudo, pero su confianza debe estar siempre en Cristo Jesús.

MATEO 24:7

NACIÓN CONTRA NACIÓN REINOS CONTRA REINOS

Hay una gran cantidad de posiciones referente a esta señal que Cristo describió en las líneas ofrecidas en el libro de Mateo 24:7. En realidad debemos tener el discernimiento para saber detectar, que es lo que está ocurriendo en la actualidad con esta señal, y saber diferenciar específicamente a que se refirió Cristo al hablar sobre el levantamiento de *naciones contra naciones* y *reinos contra reinos*.

Muchos suponen que todo esto se refiere a las guerras actuales que viven los países contra otros países, pero la realidad es otra, y es momento de que veamos esto con una perspectiva bíblica, y aplicarla a lo que sucede en la actualidad en todo el mundo. Recordando que la señal está más que cumplida hasta este tiempo.

Cuando el Señor se refirió a que se levantaría *nación contra nación*, en realidad estaba hablando de un país que estaría dividido en varios poderes. Estos poderes, que son ejercidos dentro de una nación, muchas veces suelen agitar a las masas, para de esa manera provocar que las naciones ingresen en conflictos internos.

Uno de los casos más grandes, podemos verlo dentro de algunos países de Oriente Medio, donde dentro de los países se han estado levantando una ola de extremistas religiosos, queriendo gobernar estos países, e incluso han estado quitándole la vida a las personas que no ingresan a sus filas, esto es realmente alarmante.

Podríamos decir, en teoría, que estas son personas que vienen de un mismo origen, pero en realidad tratan de tomar dominio de la misma nación, aunque es muy probable que la descendencia, junto con prácticas religiosas, o movimientos internos, puedan causar que estas personas se levanten contra sus propios pueblos.

Un detalle importante es que muchos, inclusive, están matando en nombre de alguna secta o religión. Esto, en realidad, son *reinos contra reinos*, como lo dijo Cristo un día: *"Un reino dividido no podrá prevalecer"* (Marcos 3:24). Cristo se refirió a que un reino, si no trabaja en conjunto, no puede salir adelante. Pero, tal como lo vemos, los mismos reinos están divididos dentro de un mismo país o nación. Hay poderes internos en cada país que se levantan en contra de su propia nación, cumpliendo la profecía de que *se levantará nación contra nación y reinos contra reinos*.

La nación es un territorio extenso, donde estos territorios

serán o son invadidos por fuerzas internas. Esta profecía está más que cumplida, por lo tanto, es importante tomarla en cuenta.

Los noticieros recientemente no nos están dando noticias alentadoras. Muchas veces estamos viendo saqueos dentro de los diversos países que están sufriendo desequilibrio interno, pero este desequilibrio tiene que ver además, con el caos que día tras día nos está encaminando para el levantamiento de un nuevo mundo, que no será gobernado por Cristo, será un príncipe que vendrá "para poner paz ficticia a las naciones", es decir, el Anticristo, y uno de sus planes es apoderarse del mundo para hacer cumplir algunas profecías del libro de *Daniel* y de *Apocalipsis*. Mientras tanto, estamos viviendo bajo el filo de los diferentes eventos que el mundo está sufriendo como parte de los principios de dolores.

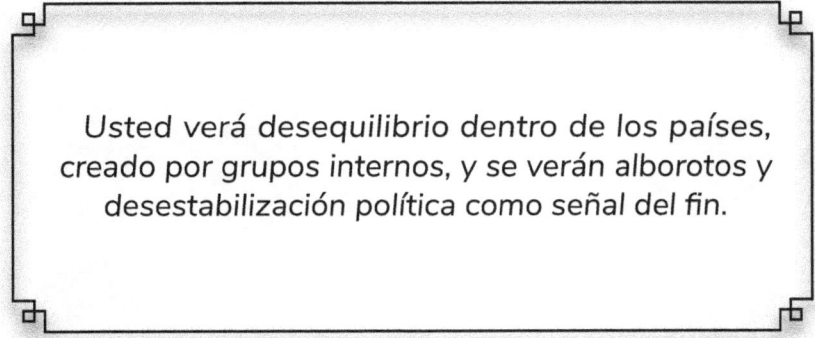

Usted verá desequilibrio dentro de los países, creado por grupos internos, y se verán alborotos y desestabilización política como señal del fin.

5

MATEO 24:7

PESTES Y ENFERMEDADES

Una de las bases bíblicas que también nos enseña que estamos viviendo los últimos tiempos, la encontramos en esta pequeña palabra que ha encerrado bastantes hechos que han ocurrido a nivel mundial.

Sobre todo en el tema de las enfermedades que el mundo ha sufrido y está sufriendo en la actualidad. ¿Cuántas veces hemos estado escuchando en los diversos noticieros acerca de enfermedades que día tras día están azotando ciudades? Sin contar aquellas enfermedades que han venido matando a millones de personas desde la antigüedad, pero especialmente desde que Cristo habló acerca de las pestes en su discurso en el *monte de los Olivos*. Vemos que el futuro profético ya estaba anunciado para el mundo.

Antes de hablar de algunas pestes importantes que han azotado al mundo, tanto en el pasado como en la actualidad, veamos el significado de la palabra "Peste".

De acuerdo con la RAE, "Peste" significa: "Enfermedad contagiosa y grave que causa gran mortandad". Estas enfermedades han sido capaces de extenderse por casi todo el mundo, tal como lo fue la peste negra que llegó a Europa en los años 1348 y 1350, cuando se vieron afectados en gran medida China, India e Inglaterra. Es curioso que estas pestes se extendieron a gran escala e hicieron que muchas ciudades y pueblos casi desaparecieran, dejando a pocos hombres vivos. Estas pestes han venido jugando un papel importante en la profecía bíblica.

Los datos más recientes estiman, que un tercio de la población europea murió durante el devastador desarrollo de la peste negra en varias regiones. Pero para ir comprendiendo cómo es que la profecía que Cristo advirtió se ha venido cumpliendo, es necesario que vayamos estudiando los hechos de relevancia desde la antigüedad hasta nuestros días. Pero recalco de nuevo, debemos tomar muy en cuenta el discurso en el que Cristo mencionó "las pestes".

Cuando pensamos en pestes en la actualidad, no sé si a usted le ha pasado querido lector, pero muchas veces pensamos en enfermedades que no tienen cura; sin embargo, estas enfermedades con medicamentos pueden ser controlables y permiten a las personas mantenerse con vida. No obstante, si vamos a la antigüedad, la peste negra era casi imposible de detener en algunos pueblos. En ocasiones, los cuerpos putrefactos eran enterrados o quemados. Se tomaban medidas extremas para mantener la higiene y, de esa manera, "evitar" el avance de la peste. Era completamente un escenario apocalíptico.

En ese tiempo, muchos buscaban respuestas y las causas del surgimiento de este tipo de pestes, y muchas veces especularon culpando a los "terremotos" de abrir agujeros y "emitir vapores que eran contagiosos"; e incluso creían que el "aire estaba contaminado". Aunque, si analizamos la Biblia, desde ese entonces, no cabe duda de que las pestes de la profecía bíblica ya estaban cobrando fuerza.

Quiero hacer un pequeño paréntesis, debemos comprender que, en ese tiempo, no existía la tecnología que hoy está disponible a nuestro servicio, y por esa razón la muerte de personas era masiva en épocas pasadas.

Pero la ciencia moderna no debería de confiarse, porque dentro de un tiempo no muy lejano, no podrán contra las plagas descritas en el libro del *Apocalipsis*. No hay duda de que el futuro para el mundo será incierto con respecto a las pestes. Pero para quienes conocemos la verdad bíblica, sabemos que el mundo se encamina a su colapso total mediante el trato directo por parte de Dios.

Quiero destacar, que en el tiempo en que la peste negra estaba azotando con fuerza, se llegó a creer que todo esto estaba ocurriendo por un castigo de Dios, y trataron de reformar algunas conductas inmorales. Lo curioso de esto es que, cuando ocurre algún tipo de peste, en el fondo la humanidad se pregunta: «¿Será un castigo de Dios?». Y la respuesta para este cuestionamiento es muy sencilla: es evidente que mientras más pecados la humanidad practique, Dios de alguna manera seguirá corrigiendo a su creación.

Desde el pasado, cuando Noé se embarcó para evitar el diluvio, luego de que Dios le advirtió a su generación de que el pecado del hombre había subido ante su presencia, Dios les corrigió. Además, Sodoma y Gomorra no fue la excepción, Nínive (que aún alcanzó el perdón), también fue advertida por Dios, y otras ciudades que fueron advertidas por Dios, por sus prácticas pecaminosas, fueron destruidas a espada por mandato de Él.

No hay ninguna duda de que Dios ha venido corrigiendo desde la antigüedad a su creación, pero es debido a su pecado. En el tiempo de la peste negra, había varios conflictos, en los cuales se mataba muchas veces por diversas causas, tanto por poderes políticos como religiosos.

Muchos llegaron incluso a flagelarse la espalda, con el único fin de "alcanzar misericordia ante Dios" por el juicio de la peste negra, y de esa manera intentaban ser librados de lo que ocurrió en ese siglo. Es fundamental recordar la historia, pero más importante es saber qué si confiamos en Cristo, nosotros no necesitamos más que reconocerle cómo el único y suficiente Salvador de nuestras vidas, y arrepentirnos de nuestros pecados para no ser tocados por alguna peste. Sin embargo, algunos serán tocados por algún propósito de Dios. Por esa razón, siempre es bueno tener la confianza en el autor y consumador de la vida Eterna que es Cristo Jesús.

Las enfermedades ¿Son parte de las pestes mencionadas en la Biblia?

En efecto, cuando la Biblia habla de pestes, es evidente que también se refiere a las enfermedades que en algún momento han estado impactando el mundo. Algunas de las más extendidas son: Cáncer, VIH (Sida), Ébola, Tuberculosis, Malaria, Meningitis, Hepatitis, Sarampión, Sífilis, sin descartar el virus de COVID-19 y sus variantes. Sin embargo, de acuerdo con la OMS, quienes han estado advirtiendo que vienen más pandemias, vienen enfermedades terribles que son desconocidas para el mundo, pero que serán una realidad futura no muy distante.

Hay que recalcar que algunas de estas enfermedades han sido causadas por el pecado y la maldad de la humanidad, y muchas veces han tenido que pagar justos por pecadores. Según algunos noticieros, los virus contagiosos cada día están siendo tratados de maneras "superficiales", ya que, aparentemente, "no hay cura para estas enfermedades". Pero hay algo que me llama la atención, pese a que la tecnología ha dado grandes pasos hacia otros planetas inexplorables, descubrimientos de peces extraños en las profundidades de los océanos, satélites con capacidades tecnológicas que antes no podían ser ni imaginadas, autos con tecnologías modernas que se manejan solos, computadoras y móviles, armamento militar que aún desconocemos… Aún no tenemos la cura para enfermedades que llevan ya varias décadas en nuestra sociedad.

¿No es extraño esto? Según mi apreciación, la ciencia moderna "tiene la capacidad de curar estas enfermedades", pero la razón por la que sospecho que no se hace, es porque en realidad todo esto es una industria que mueve billones de dólares en todo el mundo.

Además, en mi opinión, hay altos poderes que saben sobre la sobrepoblación existente en nuestros días, y tal parece que es mejor "aliviar los síntomas", para seguir generando ingresos billonarios y de esa manera es más conveniente que las personas mueran antes de tiempo, para disminuir la sobrepoblación.

Por ejemplo, tenemos la famosa diabetes, esta enfermedad está generando billones de dólares anuales, aunque la diabetes está clasificada en varios tipos, pero hablemos de la más dañina, que es producida muchas veces por consumir comidas no saludables, que las propias leyes aprueban.

Si en nuestra actualidad se creara la cura para estas diversas enfermedades (aunque ya debería de existir), con toda seguridad no se preocuparían en compartir el antídoto, puesto que la cura de enfermedades "es una pérdida de billones de dólares", por lo que no les convendría curar, les es más conveniente mantener aliviada la enfermedad.

Una de las razones que me llevan a pensar de esa manera, es que los presidentes de países desarrollados curiosamente casi nunca mueren de cáncer o de enfermedades comunes, que la población en general sí sufre, la muerte de ellos es por su vejez en la mayoría de los casos. Esto quiere decir que el dinero que estos altos funcionarios tienen los lleva a no padecer enfermedades frecuentes, al contrario que la población de a pie, a quienes les es negado este tipo de tratamientos. Pero recuerde, solo es mi opinión.

En resumen, las pestes son muchas veces causadas por la desobediencia hacia Dios y la misma maldad del hombre. Es muy probable que el hombre haya desarrollado algunas enfermedades para las que la cura está creada. De esa manera, pueden vender el antídoto.

PESTES Y ENFERMEDADES

Sabemos que las armas químicas pueden enfermar a toda una población, por lo tanto, es probable que las personas puedan enfermar con algún tipo de virus mediante gases en ciudades, o con mosquitos que previamente han sido intencionalmente contagiados, los cuales ya han sido estudiados y su cura, mediante pastillas o inyecciones, ya estaría a la venta. En consecuencia, es un negocio bien pagado y rentable.

Cristo no se equivocó cuando habló acerca de que en los últimos tiempos habría pestes. Realmente cada día comienzan a surgir nuevos virus mortales, pero uno de estos días, no habrá antídoto para controlarlos, puesto que ya serán tratos directos por parte de Dios hacia la humanidad, y ese trato está descrito en Apocalipsis 15.

Algunos virus o enfermedades son evidentemente producto del pecado. Y de esa manera hay virus que son contagiosos, como lo es el VIH, un virus que se contagia cuando el hombre o la mujer cae en pasiones y pecados desordenados, tales como el adulterio y la fornicación. Si cada pareja de esposos o novios, fuesen conscientes de la Palabra de Dios, nadie sufriría este tipo de enfermedades, pero tristemente debemos reconocer que el mundo está caminando hacia un desenfreno sin límites. Muchos jóvenes a temprana edad están practicando fornicación, y en consecuencia están siendo contagiados por varias enfermedades venéreas. Muchos en la actualidad viven en relaciones de aparente "noviazgo", pero en realidad es una relación entre marido y mujer ilícita, y no son noviazgos de respeto, son noviazgos donde el temor hacia la Palabra de Dios ya no se practica; en consecuencia, se dan este tipo de contagios desde temprana edad.

Otra de las cosas es que muchas veces una mujer fiel a Dios o un hombre, pueden ser contagiados por algún virus que contrae por su esposo o esposa y que oculta o abiertamente practican el adulterio. Aunque personalmente sé del caso de una mujer a quien su esposo le fue infiel y murió de VIH, pero Dios guardó a esta mujer de ser contagiada por esta enfermedad, pues se postró de rodillas para implorar misericordia para su vida y Dios se la otorgó.

No hay duda de que la inmoralidad sexual, está jugando un papel importante en la profecía bíblica, causando pestes y devastando pueblos enteros, tras practicarse diversos pecados. Simplemente, veamos como en la televisión se ven noticias, en las que día tras día encuentran "virus nuevos" que amenazan con mortandad.

Una sugerencia para los jóvenes y adultos, es orar a Dios y practicar la justicia de Dios en todo momento, porque precisamente por estas cosas que el mundo está practicando, es que cada día podemos estar en riesgo de ser amenazados por alguna poderosa peste. Por este motivo, si practicamos la justicia apegándonos a los estatutos de Dios, vendremos a su memoria sin lugar a duda, y se hará real la Palabra que dice: **"Ni plaga tocará tu morada"** (Salmos 91:10).

Si confiamos plenamente en la Palabra de Dios, no existe ninguna peste que toque a aquellos hombres y mujeres de Dios que amamos su Palabra.

Esto está comprobado en la historia bíblica, por lo tanto, confiemos en que Dios está en control de cada situación, y esta señal que Cristo describió; Hemos de tomarle seriedad, porque conforme los dolores de parto en la creación vayan aumentando, las pestes estarán a la orden del día, por lo tanto, querido lector, preparémonos para lo que viene, porque los dolores de parto que anuncian la Tribulación o Gran Tribulación irán en aumento, y es necesario que se levante un ejército temeroso de la Palabra de Dios, y que confíe en Dios sobre todas las cosas, quien tiene la capacidad de guardar a los suyos, tal como ocurrió con las diversas plagas enviadas a Egipto en la antigüedad.

Yo sigo creyendo en ese Dios de justicia, y en ese Dios soberano, Cristo Jesús, quien venció a la muerte y nos ha llamado a Vida Eterna.

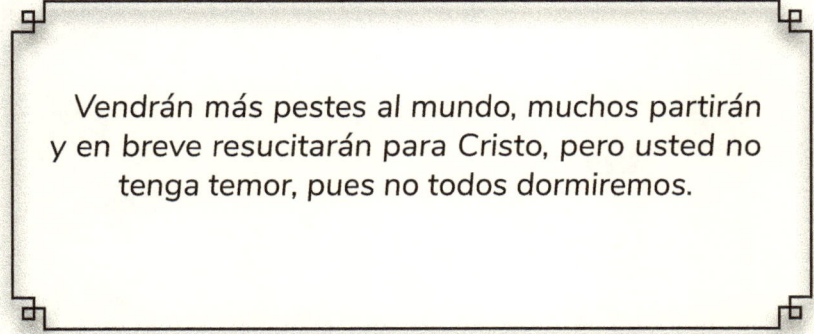

Vendrán más pestes al mundo, muchos partirán y en breve resucitarán para Cristo, pero usted no tenga temor, pues no todos dormiremos.

⑥

MATEO 24:7

HAMBRES EN LOS ÚLTIMOS TIEMPOS

No es de extrañarse que en estos últimos tiempos las hambres y las sequías de los pueblos estén aumentando. Los ríos se vuelven rojizos, los peces se están muriendo, algunas zonas donde las lluvias eran parte vital de las cosechas están brillando por su ausencia. ¿Qué está pasando?

Si vemos la historia bíblica, sobre todo en el Antiguo Testamento, vamos a encontrar que las hambres muchas veces tenían un propósito donde Dios estaba en control. Por ejemplo, el pueblo de Israel padeció hambruna, debido a que Saúl hizo su propia voluntad desobedeciendo a Dios. Durante tres años el pueblo estuvo padeciendo hambre, hasta que el rey David consultó a Dios y recibió por su parte la respuesta, y mostrándole la causa de la hambruna: se debía a la desobediencia de Saúl (2 Samuel 21:1).

Ahora con este ejemplo quiero partir a explicar lo que ocurre en nuestros días referente a las hambrunas. Es de nuestro conocimiento que los cambios en el clima son atribuidos al "calentamiento global", y de acuerdo con los científicos, la tierra irá calentándose conforme los años vayan transcurriendo.

De hecho, algunas de las zonas donde el calor es intenso, está previsto que sufran tormentas cada vez más fuertes, y esto es lo que está ocurriendo en algunas zonas costeras calientes. Conforme los años avancen y los dolores de parto de la tierra vayan en aumento, estaremos viendo en las zonas costeras huracanes más intensos, lluvias tropicales que se convertirán en huracanes; y algunos fenómenos que se estarán formando en las zonas que parecían desiertas, las cuales serán sorprendidas por las lluvias o nevadas inesperadas.

Hay algo muy curioso que me llama la atención en la investigación que he estado haciendo referente a las hambres, y es que conforme el ritmo de pecado va aumentando en el mundo, así también los glaciares y las placas de hielo se van derritiendo cada vez más. Hay deshielo en varias montañas importantes, pero a partir del año 1992 hasta el año actual, los reportes científicos indican que hay una disminución de hielo en Groenlandia, la Antártida y el océano Glacial Ártico. Esta disminución de hielo es muy relevante Y es alarmante, además que en Norteamérica, Europa, Asia y África las montañas que solían alojar hielo, se están derritiendo de igual manera.

En consecuencia, el "calentamiento global" se acelerará inminentemente, y prevén que dentro de unos 15 a 50 años más, estos glaciares desaparecerán por completo, y aquí viene lo realmente alarmante.

Muchos de estos glaciares son los que alimentan algunos ríos del mundo, y que el hielo desaparezca significa que hay ríos que también lo harán. Esto incluirá a sus peces, pero sabemos que un río recorre grandes extensiones de tierra, con lo que contribuirá a que otros animalitos que sobreviven en estas aguas mueran.

En consecuencia, el calor irá aumentando en el mundo, y esto conllevará que las lluvias sean menos frecuentes, causando que nuestros cultivos se vean afectados. Los científicos creen que un calentamiento global, puede ser beneficioso en algunas zonas para la industria agrícola, pero si el calor rebasa el límite estipulado, —que es lo más lógico— las zonas beneficiadas en lluvias serán las zonas más frías, como es el caso de Canadá, mientras que otras zonas en las que las lluvias ya venían menguando, sufrirán de sequías intensas.

Acorde a la profecía que Jesús advirtió acerca de las hambres, si analizamos lo que los científicos han venido estudiando, podremos ver que el clima actual ya no es el mismo que en épocas de antaño.

Como creyentes del evangelio de Cristo, sabemos que los tiempos climáticos se están saliendo de control. Si bien es cierto que podemos culpar al "cambio climático", si analizamos los tiempos bíblicos es evidente que el clima está empeorando, y con ello la profecía del hambre será cada día más real de lo que imaginamos, puesto que si comparamos lo que Cristo describió hace bastantes años y analizamos el resto de señales, "no es casualidad que los glaciares que afectan al clima se estén derritiendo".

Es evidente que el mundo en su mayoría está viviendo días

llenos de placeres carnales, antes que vivir para Cristo y en su Palabra, y, en consecuencia, no cabe duda de que la mano de Dios está operando sobre el clima, no solamente para hacer cumplir sus profecías, además vemos que está operando sobre el mundo, justamente como lo hizo en el pasado, y con el ejemplo bíblico que mencioné al principio de esta señal.

Ahora viene el análisis, estos cambios en el clima causan que las lluvias torrenciales inunden lugares enteros, y si estos países son exportadores de trigo, maíz, arroz, plátanos, frijol, legumbres, frutas, y una variedad de granos, vamos a comenzar a ver que estos productos básicos, ya no serán tan sencillos de cultivar.

La muerte masiva de los peces es otra de las cosas que últimamente estamos viendo en las noticias, y las causas de su muerte pueden ser múltiples, desde ríos contaminados, mares contaminados, hasta el cambio de temperaturas en los océanos, debido al calentamiento global. Esto lo tengo comprobado yo mismo.

Años atrás me invitaron a algunas playas californianas en el océano Pacífico. Hace más de una década que me prometí no volver a meter mis pies en esas playas, debido a que sus aguas son demasiado frías, o lo eran. Pero no hace mucho estuve en la misma playa, y esta vez corroborando la investigación del derretimiento de los glaciares, comprobé que el agua es tibia, y ha perdido la temperatura fría que solía tener años atrás, siendo sus aguas "más cálidas". Es evidente que sus playas han estado perdiendo sus temperaturas frías y quiero compartir una teoría y un análisis propio a continuación.

Si compramos una pecera, no necesitamos ser grandes

científicos para comprobar que hay peces que pueden vivir a ciertas temperaturas en el agua, incluso venden algunos termómetros, para que podamos graduarle la temperatura al agua para hacerla más tibia, y prolongar la vida de los peces en una pecera.

Ahora bien, si comparamos el océano con una pecera y vemos cambios en la temperatura, hay peces que necesitan vivir en corrientes de aguas frías, pero al perder el océano su frialdad, debido al deshielo de los glaciares, es evidente que estaremos perdiendo grandes masas de peces durante los próximos años. Y es aquí donde esta profecía sobre el hambre, nos hará perder una variedad de peces que son parte importante de nuestra cadena alimenticia, lo más triste es que hay familias enteras que viven en costas, y se alimentan de los peces del mar. Visité algunos lugares en Centro América, donde llevábamos pan de ciudad y frijol, junto con cremas y quesos, a cambio de caldos de mariscos, ya que estas familias viven en zonas costeras, y estaban aburridas de comer los mariscos e hicimos intercambios de comidas.

Por esa razón, considero que estas familias, que estoy seguro de que pueden representar a muchas familias, que viven en las costas y se alimentan de los peces del océano, se verán afectadas con la pérdida de peces, trayendo consigo el hambre, debido a los cambios climáticos que los científicos ya han advertido durante los próximos años.

En los ríos se están dando hechos similares. Algunos ríos se están secando por la falta de lluvia e inclusive se están tornando rojizos, causando que la vida acuática muera. Además, vemos que las aguas muchas veces están siendo contaminadas por grandes derrames de petróleo y químicos, que han caído al mar tras los devastadores terremotos en el mundo, que han afectado algunas plantas nucleares que son cercanas a las aguas.

Cada acontecimiento que está ocurriendo no es ninguna casualidad, todo está encajando tal y como Cristo lo describió en el *monte de los Olivos*.

Querido lector, mientras lee este libro, se dará cuenta de cuán importante es tener en mente las profecías bíblicas, porque cada cosa que está ocurriendo alrededor de nuestro diario vivir tiene sus propósitos.

Si analizamos detenidamente los autos que diariamente contaminan las ciudades, las grandes industrias que son movidas por gasolina, etc., nos daremos cuenta de que nuestro mundo ya tiene un tiempo de vida, y estas contaminaciones son las causantes de que nuestros glaciares sean afectados, trayendo consigo los dolores de parto en la tierra. En consecuencia, veremos en acción la profecía descrita por Cristo acerca de las hambres.

Aunque quisiera comentar que las hambres en varios países del África, ya son problemas con los que las naciones del mundo han tenido que batallar. El hambre en África considero que debería de ser erradicada, buscando pozos de agua y creando sistemas de riego. Las naciones deberían de comprometerse en proveer de granos básicos tales como maíz, arroz y frijol a los habitantes del lugar. Pero sabemos que la avaricia del mundo, y el enfriamiento de la humanidad no permitirán que se combata el hambre, al final, los que tenemos aún posibilidades de obtener nuestro alimento diario, vamos a ser afectados cuando esta profecía llegue a su máxima cúspide. Sobre todo cuando la cadena de distribución se vea afectada por algún evento inesperado en el mundo.

En resumen, el clima jugará y está jugando un papel importante en el ámbito profético, acerca de las hambres, de hecho, viene a mi memoria el verso bíblico de *Job 38:28* que dice: «¿Tiene la lluvia padre?». Es evidente que Dios tiene el control de cada gota de lluvia, y hará llover en cualquier lugar que Él lo desee. Pero la pregunta es: ¿Estará viviendo el mundo bajo el plan y el propósito de Dios para que Él haga descender su lluvia para evitar el hambre que viene? Lógica y tristemente 'No'.

Sin embargo, querido lector, es necesario que nosotros seamos luz sobre este mundo; y vivamos conforme al plan y al propósito de Dios cada día, pues Dios será nuestro proveedor en tiempos de cualquier angustia. Es evidente que el cuerpo de Cristo estará presente en estas situaciones que Él describe, debido a que son **Principios de Dolores**. Pero si confiamos en su Palabra, debemos saber qué estos tiempos que vienen, serán similares a los días en que Israel cruzó el desierto, Dios les sustentaba con maná del cielo y con aves llamadas codornices, proveyó de agua y les sostuvo con su mano poderosa. De igual manera, lo hará con nosotros. Probablemente, mientras estos sucesos se agravan diariamente, el Arrebatamiento podría suceder. Recordemos que para los que amamos a Dios existen promesas firmes y esperanzadoras en la Palabra de Dios.

INCENDIOS FORESTALES

Si analizamos la profecía del hambre, recordemos que, una de las consecuencias del cambio climático, es que habrá incendios forestales de proporciones apocalípticas; y esto causará más contaminación. Lamentablemente, muchos cultivos se echarán a perder, por lo que tendremos más escasez de alimentos en varias zonas del mundo. Algunas personas me han preguntado y me dicen: «¿E. D. puedo sembrar vegetación en caso de que me llegase a quedar para la tribulación?». Si analizamos Apocalipsis 8:7, uno de los ángeles que toca la primera trompeta de siete del *Apocalipsis*, hace que mediante el sonido de la trompeta, "la tercera parte de los árboles y la hierba verde se quemen". Aquí claramente estamos viendo un incendio forestal y vegetal, de proporciones terroríficas, y en ese periodo millones morirán de hambre, de acuerdo con esta profecía. Por lo que es una mala idea pensar que se podrá sobrevivir en ese periodo tras haber ocurrido el Arrebatamiento de la iglesia.

De hecho, nadie en su sano juicio, le sugeriría a usted que deba quedarse para este periodo terrorífico que la tierra vivirá, las personas que creen que sobrevivirán para este tiempo, personalmente creo que deben ser muy valientes, para suponer que podrán burlarse de la inminente ira de Dios sobre la tierra. Y solo un grupo, pero de la nación de Israel, podrá ser guardado de estos eventos que vienen al mundo.

Ahora bien, actualmente, cuando usted escuche de incendios forestales, tiene que pensar que esto solamente es un pequeño botón, de lo que conocemos como los **"Principios de Dolores"** en la Biblia. Pero una vez ocurrido el Arrebatamiento, acontecerán una serie de eventos en cadena, que a nadie en su sano juicio le gustaría experimentar.

Si ahora el mundo está sufriendo incendios forestales históricos, imagine cuando se dicte el juicio contra la tierra, en el que la Biblia declara que *"la tercera parte de los árboles y la hierba verde será quemada"*. Esto nos indica que los pulmones verdes del mundo, incluyendo la vegetación, se verán impactados por el sonido de la primera trompeta de Apocalipsis 8:7, en consecuencia, ahí se englobarán los cultivos que incluyen maíz, arroz, frijol, tomates, patatas, zanahorias y todo lo relacionado con lo que la Biblia describe como *"hierba verde"*. Por lo tanto, es una malísima idea creer que durante ese periodo "habrá comida abundante". Por el contrario, se habla inclusive de que algunos practicarán el canibalismo, *sucedió en el pasado y volverá a suceder* (Deuteronomio 28:53, Ezequiel 5:10, Jeremías 19:9, 2 Reyes 6:28-29), debido al hambre que estará impactando la tierra en ese periodo. Pero, mientras la iglesia siga aquí en la Tierra, estaremos viendo los inicios de esta impactante profecía que Jesús nos describió.

Una última cosa que quisiera agregar al hablar de esta profecía, es que debería, si le es posible, abastézcase de latas de comida que puedan durar varios años. Esto será necesario en caso de que ocurra alguna lluvia torrencial que le deje sin alimentos, algún desastre natural como tornados o terremotos... Al menos tendrá un arsenal de comida guardada mientras espera alguna ayuda por parte de los miembros de su país.

Si ve que a las latas de comida les quedan poco tiempo de caducidad, entonces úselas y consuma el alimento, reemplácelas por latas nuevas con fechas de caducidad más prolongadas, esto es una sugerencia personal para usted querido lector.

Recordemos que, en la antigüedad, esto de guardar comida ya lo habíamos visto con José en Egipto, cuando Dios le advirtió que la tierra padecería de hambre por algunos años, y él en obediencia hizo lo que Dios le mandó, luego de interpretarle un sueño al Faraón, en el que interpretó que llegaría el hambre a

Egipto. Tras descifrar José el sueño a Faraón, ellos se prepararon con comida y lograron sobrevivir al hambre.

Así como ocurrió en la antigüedad, de igual manera sabemos que Dios está en control de su pueblo, por lo tanto, es importante conservar la calma en lo que esté por acontecer; y tener la confianza de que Dios está en control y Él nos suplirá los medios cuando el hambre vaya en aumento, de acuerdo con la profecía bíblica. Ahora continuemos con la próxima profecía descrita por Cristo.

> El hambre será más evidente para los últimos días, pero no se comparará con el hambre que vendrá tras la partida de la iglesia de Cristo, porque los Sellos de Apocalipsis 6 serán abiertos.

MATEO 24:7

POTENTES TERREMOTOS

Después de un devastador terremoto que afectó con un enorme tsunami, Indonesia y varias costas de países asiáticos, en el año 2004, comencé a preguntarme: «¿Qué está pasando con la tierra?». Y fue entonces cuando decidí comenzar a invertir dinero, en algunos softwares (programas) para monitorear terremotos, desde mi computadora, y empecé a monitorear además la web oficial de United States Geological Surkey, conocida por sus siglas en inglés como 'USGS'.

Entonces fui adentrándome en el mundo de los terremotos, y a hacer estudios leves sobre las causas de los sismos. No conforme con ello, comencé a ver muchos documentales en Discovery Channel, y otros canales en los que varios científicos daban sus puntos de vista sobre los terremotos.

Conforme el tiempo iba pasando, mantenía mi computadora encendida, durante largos periodos de tiempo, para que me informara sobre los terremotos que sobrepasaban la magnitud 5.0 en la escala de Richter, y estar al día.

Muchas veces el sonido del programa de la PC me despertaba en la madrugada, y corría para averiguar qué país estaba siendo destruido por un terremoto, y es así como comprendí cómo es que el mundo está sometido a grandes movimientos telúricos constantemente.

Pero mi objetivo no era ese, en realidad mi motivo principal, era buscar la mejor respuesta de por qué Cristo mencionó, que había una generación que vería grandes terremotos, y en ese tiempo me preguntaba si era la nuestra.

Con la ayuda del Espíritu de Dios, obtuve resultados asombrosos en la investigación que a continuación le quiero compartir.

Comparando la Biblia con el lado científico, me di cuenta entonces de que bíblicamente es necesario que los terremotos ocurran, y los mismos científicos han dicho que los terremotos están siendo más frecuentes cada día.

Lo que estoy a punto de compartirle probablemente le dejará helado/a, puesto que todo esto me ha tomado varios años entenderlo, he tenido que informarme leyendo revistas de ciencia, y he comprado documentales en DVD, para ir conociendo lo que los científicos dicen sobre este tema; y todo esto para poder resumir y hacer más comprensible las profecías de la Biblia. Y recuerde, hay una parte de la ciencia que no está peleada con Dios.

EL COMETA ELENIN Y LOS TERREMOTOS

Hace varios años, hice un artículo para Internet, para el que me di a la tarea de investigar, sobre un misterioso cometa llamado Elenin. Luego de haber escuchado en un programa acerca de una teoría, sobre un cometa que estaba causando terremotos en la tierra, comencé mi investigación y empecé a indagar más a fondo de que se trataba. En ese entonces, la Web oficial de la NASA, había provisto un software para seguir la trayectoria del cometa. Cuando comencé a comprobar por mí mismo la trayectoria del cometa me di cuenta de que, en efecto, el cometa se alineaba con los planetas de nuestro sistema solar. Al percatarme de eso me quedé asombrado y fue entonces que decidí publicarlo en Internet, tras haberme asegurado de que la teoría de la alineación del cometa Elenin, con algunos planetas y la Tierra estaba causando terremotos. Esa publicación registró cerca de 100.000 visitantes en tan solo un mes y fue creciendo en visitas, fue algo increíble. pero cierto.

Elenin fue descubierto el 10 de diciembre del 2010 por el Dr. en ciencias Leonid Elenin, de nacionalidad rusa. Para ese entonces, los terremotos eran un tema que la humanidad veía como hechos que ocurrían con naturalidad, pero en mi mente estaba: "Si Cristo dijo que había una generación que vería terremotos frecuentes, quiere decir que hay algo más a fondo que está ocurriendo con la tierra". Justo cuando comencé a utilizar el software proporcionado por NASA, para ver la trayectoria que el cometa Elenin seguía, encontré algunas fechas claves de algunos de los terremotos más grandes que nos habían tocado vivir a nosotros. Voy a citar algunas fechas que encontré y conforme usted siga leyendo, le diré lo que el

Señor Jesús me llevó a discernir al final de todo.

Pero antes de continuar quiero volver a aclararle que la ciencia no está peleada del todo con Dios, al contrario, la misma Biblia nos dice en *Daniel 2:21*, que Dios "da la sabiduría y la ciencia", por lo tanto, todo lo que el hombre ha descubierto ha sido por el propósito de Dios.

Ahora bien, el 11 de marzo del año 2011, el cometa Elenin estaba alineado con la Tierra y el Sol, y ese fue el día en que Japón había sido sacudido por un violento terremoto de 9.0 en la escala de Richter, fue un terremoto devastador que inclusive causó un tsunami que arrasó con autos, edificios y casas en Japón; fue un hecho que le dio la vuelta al mundo.

Después del terremoto, algunas partes de tierra del suelo japonés se movían literalmente, como si se parase sobre una tabla de surf, o como si fuera un muelle o madera flotando sobre agua, era algo que no se podía creer. Yo mismo compartí el primer video para habla hispana sobre el movimiento de la tierra en Japón.

Sin embargo, el cometa Elenin se había alineado de nuevo. Quisiera agregar que Japón es uno de los países "más sofisticados para soportar terremotos o tsunamis", de hecho, la palabra "tsunami" viene de Japón. Sin embargo, ni la tecnología japonesa, considerada una de las más modernas, fue suficiente para detener un potente terremoto, junto con un devastador tsunami.

El 27 de febrero del 2010 fue cuando ocurrió otro devastador terremoto en Chile, que alcanzó una magnitud de 8.8 en la escala de Richter. Este terremoto sorprendió al pueblo de

Chile, causando además un tsunami que afectó a gran parte de las costas chilenas. Chile, según tengo entendido, tiene edificios muy bien estructurados para soportar terremotos, y a pesar del potente terremoto, sus estructuras en ese entonces lograron sostenerse, pero las costas fueron azotadas por el embate de los terremotos. Pero un dato importante es que precisamente en esa fecha nuevamente el cometa Elenin se había alineado con la Tierra, yo mismo lo comprobé.

El punto de todo es que yo creo que no es ninguna casualidad de que este cometa había estado influenciando a la Tierra. De hecho, un profesor de la universidad de Cornell, ofreció en el sitio **Arxiv**, una tabla muy bien estructurada con fechas y coordenadas exactas de las alineaciones que Elenin había tenido en el pasado, y curiosamente varias de las fechas coincidieron en terremotos pasados.

Al punto que quiero llegar, querido lector, es que la Biblia menciona que Dios ha puesto los astros como la Luna y el Sol y planetas para definir las estaciones (Génesis 1:14). Pero además nos advierte de que antes de su regreso, "*las potencias de los cielos estarán siendo conmovidas*" (Marcos 13:25). Aquí es donde debemos tener discernimiento y prestar atención a las profecías antes del Arrebatamiento. Cuando la Biblia se refiere a "potencias" habla de "cuerpos celestes". Y estos cometas son cuerpos celestes pequeños, pero que en cierta manera su aparición en el espacio, ha estado causando terremotos en la tierra, algo que deberíamos de ver como una señal divina, de que la Palabra está siendo cumplida proféticamente, tal como se nos advirtió, ante nuestros ojos.

Cuando analicé el software que ya fue eliminado del sitio oficial de la NASA, había varias fechas futuras en las que este cometa (cuerpo celeste) pasaría cerca de la Tierra, e inclusive se rumoreaba en ese entonces, que los terremotos que causara, pudieran empeorar, y ser más devastadores cuando se acercara a 21 millones de millas de la Tierra y se alineara con otros planetas.

Inclusive en ese tiempo, basándome en el software, di algunas fechas futuras, a las cuales deberíamos de prestar atención e hice la aclaración de que yo no era científico. Pero hubo un suceso extraño referente al cometa Elenin; faltando algunas semanas para que el cometa llegara cerca de la Tierra, este se desintegró, y lo más asombroso es que una explosión extraña fue la causante de que el cometa se partiera en dos pedazos y se desintegrara, mientras avanzaba en su curso, por lo que ya no logró acercarse a la Tierra.

Cuando en ese tiempo publiqué ese artículo en Internet recibió más de 100.000 visitas. Yo no dudo de que gran parte del pueblo de Dios, estaba clamando y orando para que Dios nos guardara. Más tarde se dieron rumores de que "seres de otros planetas nos ayudaban", algo ilógico para nosotros como creyentes, pero realmente el mundo no supo qué fue lo que pasó. Sin embargo, la explosión que se dio en el espacio, no cabe la menor duda de que fue obra de Dios, que estuvo al tanto de nosotros al desintegrar ese cometa para que no causara más daño en la Tierra.

El Dr. David Morris, científico de la NASA, dijo en su video "The Truth About Comet Elenin": "el cometa Elenin no es ningún causante de terremotos". Sin embargo, no podemos dejar a un lado que cada vez que el cometa se alineaba con la Tierra junto con otros planetas, algún terremoto potente se hacía sentir. Si los cuerpos celestes no tuvieran influencia en la Tierra dejaríamos de lado a la Luna, ya que ella ejerce influencia sobre los océanos. También el Sol cada vez que emite erupciones puede causar influencia en el clima de la Tierra. Pero siendo menos científicos y confiando en la Biblia, podemos leer en ella que *"las potencias (cuerpos celestes) de los cielos serán conmovidas"*. Por otra parte, sabemos que la comunidad científica no ve estos hechos más allá del razonamiento humano.

Lo que podemos concluir con lo que ocurrió con el cometa Elenin, es que una vez más la Biblia está corroborando sus profecías, y muchas veces no se toma en cuenta que hay algunas cosas que parecen ser minuciosas, pero en realidad no lo son, son cosas que los creyentes muchas veces no ven, pero cada una de estas cosas nos están anunciando que el Señor está a la puerta. Pero quiero continuar hablando acerca de la profecía que describe los terremotos...

¿Los terremotos acortaron los días?

Mientras me encontraba estudiando acerca de los terremotos, leyendo todo tipo de material para informarme, salió a la luz una noticia, que aseguraba que los científicos se mostraron preocupados porque el eje de la Tierra se había movido algunos centímetros, tras los potentes terremotos que azotaron varias partes del mundo, entre ellas Japón, Chile, Ecuador, Bolivia, Haití, Sumatra...

Esto, de acuerdo con los científicos, vino a causar un desbalance en el eje de la Tierra, y en consecuencia se dio la noticia de que "los días se habían acortado", de acuerdo con el Geofísico Richard Gross de NASA Jet Propulsion Laboratory en Pasadena California. El geólogo Richard Gross le ofreció varios detalles al medio "Space.com", referentes a lo que ocurrió con algunos de los terremotos que he venido mencionando. Desde aquel entonces, la Biblia ha estado revelando al mundo, que lo que en ella está escrito ha de ser cumplido con exactitud.

Cuando salió esta noticia a luz, el científico había descubierto que el terremoto de Japón de magnitud 9.0 en la escala de Richter, había causado un leve aceleramiento en la rotación de la Tierra. De hecho, en ese tiempo, yo me decía a mí mismo, "algo está pasando bíblicamente, hay algo detrás de estos grandes terremotos, Señor Jesús dame la sabiduría para entender el trasfondo del cumplimiento profético de la Biblia". Y fue entonces cuando el Señor me llevó al verso que dice: "Aquellos días serán acortados" (Mateo 24:22), e indudablemente los terremotos estaban y están causando que otra profecía descrita por Jesús, se cumpla al pie de la letra en el mismo capítulo de Mateo 24, **"los días se han acortado"**.

De acuerdo con el científico, el terremoto de Japón había causado que la tierra se acelerara en su movimiento de rotación 1.8 microsegundos, un microsegundo es una millonésima de segundo, ya que estamos hablando de datos que aparentemente "son minuciosos", pero en el tiempo de Dios no lo es y más adelante voy a comentar sobre esto. Sin embargo, las estimaciones del científico fueron más allá, puesto que, no solamente estimó los cálculos del terremoto de Japón, sino que hizo también cálculos de algunos terremotos que azotaron varios países hace muchos años.

El terremoto en el mar Índico, conocido como Sumatra, en aquel recordado año 2004, que alcanzó 9.1 en la escala de Richter, acortó el día por 6.8 microsegundos.

El terremoto de Chile, de 8.8 en el 2010, acortó el día por 1.26 microsegundos. Esto significa que varios terremotos actuales, también estarán jugando un papel importante en el tiempo, de acuerdo con el geólogo, estos datos no pueden ser medidos más que con sistemas de alta precisión, entonces, ahora podemos comprender cuando Jesús se refiere al acortamiento de los días en los últimos tiempos.

Personalmente, no me gusta hablar de mi vida privada, pero siempre he sido de ir a la Biblia, y entender la lógica de las cosas de una manera sencilla, para luego poderlas compartir de la forma más clara y precisa, por supuesto, con la ayuda del Espíritu de Dios sobre todas las cosas. Y todo esto es con el fin de que cada uno de nosotros comprendamos los planes de Dios, y el porqué de las cosas que están ocurriendo en el mundo.

Pero continuando con la investigación, como sé que hay muchos incrédulos, le decía a Dios: «¿Cómo puedo probar sencillamente que el tiempo está acelerado, y que ya no estamos viviendo bajo el tiempo que solíamos vivir en el pasado?».

Por intuición o llamémosle razonamiento humano, hemos estado escuchando a muchas personas quejarse acerca del tiempo, de hecho se decía que antes los días eran "más largos", y esto lo he escuchado de muchas personas mayores que yo, algunos no me dejarán mentir acerca de que antes una tarde era mucho más larga, y muchos hoy en día se quejan con expresiones tales como: "que rápido se fue la tarde", "el día se va rápido", "¿ya estamos en diciembre tan rápido?", "ya estamos a medio año de nuevo", "siento que fue ayer que te vi, ya han pasado 3 años desde la última vez que platicamos".

Nadie puede negar que las personas inconscientemente sienten que el tiempo es más corto, y es entonces que ocurrió algo curioso con 2 relojes que dejé guardados durante algunos años en una caja, para probar que el tiempo está adelantado, lo que implica que nuestro día se sentirá más corto.

El misterio del reloj

Justo después de enterarme de las noticias acerca del desvío del eje de la Tierra, causado por terremotos y la pérdida de segundos, un día me encontraba buscando un reloj digital despertador, que a mi criterio es muy sofisticado, y que había olvidado sacar de una caja durante aproximadamente dos años y algunos meses; Justo lo dejé guardado durante los terremotos de Chile y el terremoto de Japón de 9.0, si mal no recuerdo, y cuando vi el reloj, tenía tres minutos atrasados. La hora en que había dejado en el reloj llevaba así desde la última vez que lo había tocado. Lo adelanté tres minutos para ajustarlo a la hora de mi dispositivo móvil y de esa forma finalmente quedó ajustado a la hora correcta.

Ahora bien, ese reloj durante su uso tiene una batería de litio, la cual puede durar varios años sin descargarse. El reloj, antes de guardarlo, no tenía ni un año de uso en el que había funcionado sin problemas y ofreciéndome la hora exacta.

Realmente me pregunté a mí mismo: «¿Será posible que el tiempo se adelantó?». Meses después recordé que tenía otro pequeño reloj digital guardado en la misma caja y mi sorpresa fue exactamente la misma, el reloj estaba atrasado. Lo adelanté de nuevo al tiempo actual. Después ocurrió con una antigua computadora que tenía años de no conectarla a

Internet, el tiempo no estaba ajustado a la hora actual y cada uno de esos relojes, como el de la computadora, los ajusté al tiempo actual. La computadora nunca perdió el poder de energía y además contiene una batería pequeña, que guarda estos datos cuando no hay luz.

Ahora me gustaría usar la lógica de estos ejemplos, para explicar sencillamente esta parte de la Biblia y hacerla más comprensible, la mayoría de nosotros si tenemos un reloj de mano con agujas o un reloj de pared con agujas, en algún momento habremos tenido que darles ligeros ajustes a las agujas para que esté sincronizado con la hora actual.

Mi querida madre fue muy amante de los relojes de pared con aguja, y varias veces los ajustaba minuciosamente el tiempo, adelantando uno o quince segundos. Además, es del conocimiento de todos nosotros, que hoy en día la mayoría de nuestros relojes, están conectados a la red global de telefonía móvil e Internet. Casi todos hoy en día utilizamos nuestros teléfonos móviles para ver la hora, y estos relojes tienen una base de datos donde cada empresa se encarga de ajustar el tiempo automáticamente, sin que nosotros podamos percatarnos de estos ligeros cambios en el tiempo.

En pocas palabras, ellos conocen que el tiempo "no es exacto" y nuestros relojes tampoco lo son. Si en algún momento le llegase la duda y dijera: «Mi reloj siempre me ha dado la hora normal y nunca lo he cambiado, sigue siendo la misma hora. ¿Cómo entonces el día es más corto?». La respuesta es sencilla, si su reloj funciona normal y no ve cambios en sus agujas, en realidad, el tiempo del que hablo no se ve reflejado en las agujas de un reloj, más bien se ve reflejado en nuestra percepción del tiempo, de hecho, la ciencia cree que nuestro cerebro percibe el acortamiento del tiempo, pero de acuerdo con ellos, todo esto es "normal", pero para el tiempo de Dios no lo es.

Ahora, partiendo de estos sencillos ejemplos como puede darse cuenta, realmente nadie se percata de que estos segundos se han adelantado, pero estos segundos tienen un gran valor y significado en el tiempo de Dios, inclusive como bien lo dijo el Geofísico Richard Gross, que la pérdida de estos segundos tras los terremotos "debe de medirse con sistemas de alta precisión". Sin embargo, a pesar de que Dios me permitió obtener una carrera en el medio secular, yo no soy científico, los conocimientos que Dios me permitió obtener, son realmente lógicos y a base de orarle a Dios y escudriñar su Palabra es que, sin instrumentos de alta precisión, Dios me ha enseñado que el día está acelerado, mediante ejemplos sencillos que hoy he compartido y otros ejemplos que le compartiré en breve.

Si vamos un poco a las matemáticas y analizamos la pérdida de estos segundos bíblicamente, debemos reconocer que algunos versos de la Biblia nos recuerdan que para Dios "*Mil años son como un día, y un día es como mil años*", según 2 Pedro 3:8 y *Salmos 90:4*. Entonces, como ejemplo, el eje de la Tierra está rotando más rápido por causa de los terremotos, y estamos acelerados por aproximadamente tres segundos, aunque para hoy en día, cuando obtuvo este libro, querido lector, se debieron de agregar segundos por los continuos movimientos telúricos que sufre la tierra hasta este momento, pero tomaré tres segundos como ejemplo.

Esto quiere decir entonces que un día tiene "24 horas", luego contiene "1440 minutos", tiene además "86400" segundos. Entonces si el tiempo ya no es exacto y estamos viviendo segundos adelantados, quiere decir que nuestras horas en el tiempo de Dios ya han sido cortadas. En realidad nuestro día ya no tiene 24 horas, probablemente tiene un aproximado de entre 18 a 20 horas al día, aunque estos datos el gremio científico no los avala hasta este momento.

Pero es aquí donde debemos meditar, que estos segundos que se han adelantado, solamente están siendo parte de las profecías que nos indican que "nuestros días serán acortados". Por otra parte, notemos que en este momento estamos viendo el principio del cumplimiento de esta profecía, ya que esta profecía será consumada durante la gran tribulación que viene al mundo, durante la cual los días serán acortados totalmente y será visible para los que vivan ese temido periodo. Sin embargo, nosotros estamos viendo los inicios, es decir, el principio, lo que indica que se está acercando la Gran Tribulación al mundo.

En una sencilla multiplicación y resta utilizando la regla de 3, en el tiempo de Dios 1 segundo equivale a 4.2 días. Si utilizamos 3 segundos acelerados, en el tiempo de Dios ya han transcurrido 12 días aproximadamente. Aunque recordemos que esto es simplemente un comentario, para tener la idea de lo que significa el aceleramiento del eje de la Tierra.

Recordemos que no es ninguna casualidad que estos terremotos estén acelerando nuestros días, simplemente la Biblia está siendo cumplida con exactitud y muchos aun lamentablemente no lo saben. Sin embargo, los días que estamos viviendo son días más acelerados de lo habitual, y créalo o no querido lector, hoy en día hay muchas quejas por parte de las personas, muchos se quejan de que el día ya no les alcanza, y he aquí la razón de por qué nuestros días han sido acortados.

Las niñas maduran más rápido

Llevo varios años investigando el aceleramiento del tiempo, y he notado que este aceleramiento del tiempo puede estar afectando directamente al sexo femenino, incluso también he sido maestro de jóvenes ofreciendo estudios bíblicos, y he visto cómo muchos de ellos maduraron a temprana edad.

Recordemos que nuestro cuerpo tiene algo que la ciencia llama "el reloj biológico", algo que es muy aceptable, ya que nosotros tenemos ciclos como, por ejemplo: "dormir, despertar y comer". Y estos ciclos en la humanidad son parte de nuestro reloj biológico, pero en el caso de las mujeres, sabemos que ellas tienen cierto ciclo natural dejado por Dios, que es nacer, crecer, y prepararse para traer vida al mundo.

Entonces observamos que algunas niñas desde muy temprana edad en nuestra actualidad, quieren vestir como mujeres adultas. Vemos que quieren ser mayores e inclusive quieren vestir como mujeres jóvenes de 21 años en adelante, ellas quieren aplicarse maquillaje a temprana edad, brillos labiales, y muchas de ellas solamente tienen entre 9 a 13 años; y este es un fenómeno que no se ve en una sola niña, lo vemos reflejado en muchas de ellas.

Entonces, este aceleramiento del tiempo podría estar causando una distorsión en su reloj biológico, y en consecuencia ellas pueden estar resintiendo este cambio en su estilo de vida. Recordemos que el sexo femenino madura más rápido que el sexo masculino.

Pero, además, con tan solo mirar un poco a nuestro alrededor, nos daremos cuenta de que muchas niñas, están siendo influenciadas por las series de televisión, y hasta por lo que ellas ven que sus demás amigas hacen. Pero cuando hablo de este tipo de niñas, estoy generalizando la palabra, para que usted como lector analice de una forma más personal, como los niños y las niñas están madurando más rápido a temprana edad, y esto es causado por el aceleramiento del tiempo, que en consecuencia nos trae días más cortos, tal como la Biblia afirma.

Es probable que usted no esté de acuerdo conmigo, como también es probable que, al comenzar a analizar más detenidamente este dato, usted afirme lo que hoy está leyendo en este libro.

El incremento de inteligencia en los niños

Desde que tengo memoria, recuerdo que los niños no eran tan exigentes como lo son los niños de nuestra actualidad, de hecho, en algún momento quise ser maestro de niños para trabajar en una escuela y estudié por algunos meses psicología infantil. Actualmente, puedo decirle, que los niños están más despiertos que los niños de años pasados.

En algún momento tuve la oportunidad de hablar con algunas mujeres de edad avanzada y, en efecto, ellas recuerdan que los niños tardaban más tiempo en caminar, e incluso algunos de ellos no abrían los ojos tan rápido al nacer. Sin embargo, actualmente vemos que los niños, desde muy temprana edad, quieren juguetes sofisticados, son más exigentes con los padres, e inclusive tengo comprobado que los niños están teniendo un incremento de inteligencia en comparación a los niños de épocas pasadas.

Esto me llevó a analizar que, en efecto, cuando el tiempo se acelera, los niños se están viendo afectados inconscientemente por estos efectos, puesto que su crecimiento en el tiempo de Dios, está siendo acelerado debido a los tiempos que ya estamos viviendo en nuestra generación.

Envejecimiento o muertes prematuras

Una de las cosas que voy a afirmarle en este momento, es que debido a los tiempos que ya estamos viviendo, la humanidad que no esté caminando conforme al plan de Dios, estará sufriendo envejecimiento prematuro e incluso algunos no llegarán a una edad avanzada.

¿Por qué sostengo esto? En primer lugar, quiero comentarle que desde los principios del mundo, Dios había dispuesto en su corazón que el hombre iba a vivir más años en la tierra, el hombre vivía cientos de años, en aquel tiempo diez años nuestros eran un equivalente a cien años de vida aproximadamente (Génesis 7:6, Génesis 5:5, Génesis 5:8), pero todo fue cambiando conforme la maldad y el pecado del hombre se fue incrementando, al final, Dios determinó que los años del hombre serían entre setenta a ochenta años como máximo (Salmos 90:10), lo que quiere decir, que el aceleramiento del tiempo que ya estamos experimentando, incluso, podría estar acortando los días de vida de la humanidad en general.

De hecho, muchas personas ya no están llegando a edades avanzadas, y vemos que muchos están partiendo de esta tierra sin tan siquiera llegar a sus setenta años bíblicos. ¿La razón? Una de las razones, es que estamos viviendo un incremento de pecado en todo el mundo, y como hemos visto en la Biblia, Dios por el pecado les acortó la vida a los hombres. Pero, actualmente, si usted tiene a Cristo como su Salvador personal y camina bajo la luz de su Palabra, apartándose del pecado, le garantizo que sus fuerzas se multiplicarán; y la misericordia de Dios se extenderá a su vida para librarle de la vejez y de la muerte prematura, a menos que Dios ya tenga un plan distinto para su vida. Sin embargo, recuerde que la Palabra de Dios nos enseña, que su Espíritu Santo es quien nos rejuvenece y nos alienta, dándonos fuerzas como las del búfalo (*Salmos 103:5, Salmos 84:5, Salmos 92:10*).

Entonces, si está tomado/a de la mano del dador de la Vida Eterna, usted caminará en salud y con fuerza, hasta la Venida de Cristo y nuestra reunión con él en las nubes. Y esta fuerza sobrehumana solo el Señor nos la dará mediante su Espíritu Santo, pero el mundo pecaminoso sí podría sufrir este aceleramiento del tiempo, de hecho, para la Gran Tribulación que viene al mundo, tras la partida de la iglesia de Cristo, la humanidad se volcará con todo al pecado, y el acortamiento de los días como dice la profecía, traerá consigo también el acortamiento de vida para la humanidad, pues el pecado volverá a subir desenfrenadamente ante la gloria de Dios.

Y sabemos que la Biblia dice con mucha claridad que "*la paga del pecado es la muerte*" según Romanos 6:23, por esa razón si usted ha caminado mal ante la presencia de Dios, un arrepentimiento genuino de todo pecado, puede cambiarle la vida hoy mismo, y si camina bajo la luz de la Palabra de Dios, entonces es tiempo de seguir la Santidad (*2 Corintios 7:1*) para ver a Cristo en gloria.

> Según los científicos, "la Tierra tiene siete placas tectónicas mayores". Pero estas placas se unirán, y provocarán un terremoto mundial, y la Tierra se sacudirá como un borracho después de la partida de la iglesia de Cristo.

⑧ MATEO 24:9-10

ABORRECIDOS Y PERSEGUIDOS POR AMOR A JESÚS - YESHUA

Si en algún momento ha sentido ser la burla del mundo, simplemente por reconocer a Cristo como el único y suficiente Salvador de su alma, déjeme explicarle que esto cada día será mucho peor, ya que muchos de los que profesemos a Cristo Jesús o Yeshua para los judíos conversos, como el Señor nuestro, en estos últimos tiempos que ya estamos viviendo, seremos lentamente vistos como "locos o gente rara", e inclusive llegarán días donde seremos despreciados por llevar este bendito evangelio, y seremos aborrecidos por causa de Jesús o Yeshua.

Nosotros como hijos de Dios debemos prepararnos mentalmente y sobre todo con la Palabra de Dios como nuestro escudo (Efesios 6:16), porque conforme el mundo vaya aprobando leyes contrarias al evangelio de Cristo, es decir, la Biblia, ellos ejercerán presión sobre nosotros para que adoptemos el sistema que ellos quieren implementar...

Y esto será cada día más visible por varias leyes que permitan llevarle la contraria a Dios. De esa manera, quien quiera permanecer en la verdad de Cristo, deberá tener el valor y la gallardía de mantenerse firme hasta su Venida.

El Señor nos muestra en esta señal que algunos "serán entregados a tribulación y otros morirán". De hecho, si echamos una vista a las grandes persecuciones que están viviendo en este momento, nuestros hermanos en el Medio Oriente e inclusive algunos países latinoamericanos, europeos y asiáticos, ellos están siendo perseguidos por amor a Cristo. Esta persecución de la cual Cristo nos advirtió está en pleno curso. Por ejemplo, en un informe por VOM revista (organización dedicada a informar sobre la persecución de cristianos), alcancé a leer que solamente en Corea del Norte, había cerca de 2 millones de cristianos encarcelados, muchos de ellos están esperando "la pena de muerte" por amor a Cristo. Realmente es triste leer este tipo de noticias, puesto que muchas veces la libertad que mucho pueblo de Dios tiene en este momento, a veces es desperdiciada de una manera terrible.

Además, debemos recordar aquellos hombres y mujeres que están huyendo del Medio Oriente, e inclusive huyen de algunas partes de África y la India, donde el evangelio es visto como "una religión que se paga con la muerte", es algo increíble, pero es verdad. Ore por los perseguidos, no los olvide.

Sin embargo, en la Biblia encontramos que estos padecimientos que el cuerpo de Cristo sufrirá y está sufriendo en estos últimos tiempos, tendrán que ser parte del retorno de Cristo por su iglesia, recordemos que "no todos moriremos", esto significa que una gran parte del remanente de Cristo, estaremos velando y esperando que el Señor aparezca en las nubes para tomar a los suyos.

Pero debemos prestar mucha atención a la advertencia de Mateo 24:10, donde el Señor nos advierte de que, por el temor a ser perseguidos, algunos cristianos abandonarán el barco del evangelio, para unirse a los que persiguen al cuerpo de Cristo.

Por tal motivo la Palabra de Dios nos avisa de que: "unos a otros se entregarán". Veamos que esta parte de la Biblia ya está en acción en este momento, quizás me dirá «¿Cómo?». Pues aún dentro del mismo cuerpo de Cristo, se están dando traiciones, en el sentido de que algunos han estado pervirtiendo a sus hermanos, al hacer pactos con el ecumenismo.

Estos mismos que ayer predicaban sobre el arrepentimiento, hoy en día han hecho alianzas con el ecumenismo, y de eso trata también esta advertencia, el Señor nos dice que "algunos entregarán a sus hermanos", y todo esto por el temor "de ser perseguidos".

Es increíble que cada detalle que nuestro amado redentor Jesucristo expresó en su discurso, está claramente ocurriendo en la actualidad. Hoy en día muchos tienen temor de hablar con la verdad, temen por sus propias vidas, y todo esto ha hecho que muchos "tropiecen", tal como lo describe la escritura, tropiezan para evitar ser perseguidos, lo hacen para mantener "la paz con quienes los tildan de predicar la verdad", entonces deciden desistir y en consecuencia arrastran a otros al mismo agujero.

La palabra "Ecumenismo" es la "tendencia de unir a todas las iglesias cristianas", sin importar "credos, opiniones, es aceptar que hay un solo Dios, pero sin señalamiento alguno a las otras religiones unidas". Es decir, si alguien aceptó esta alianza, y ve que algunas de las iglesias "cometen prácticas antibíblicas", esta persona no tiene la autoridad de llamarles a un arrepentimiento "genuino en Cristo", porque prácticamente ha tropezado al ser parte de esa alianza ecuménica.

Pero lamentablemente esto se ha hecho una realidad en algunos líderes, que ya forman parte de esta señal, ahora pasemos al siguiente párrafo.

El temor de "ser perseguidos", muchas veces puede ser una presión psicológica por parte de "otras religiones", que procuran absorber a quienes profesamos a Cristo, ofreciendo muchas veces pactos para menguar la verdad del evangelio de Cristo.

De esto ya es más que sabido, que muchas religiones en todo el mundo "se están uniendo", e inclusive mucho pueblo que profesó a Cristo como el Señor y salvador de sus vidas, ha hecho alianzas para evitar "el vituperio o la persecución". Pero como era de esperarse, estamos en tiempos finales, y estas cosas tienen que suceder, para que cada párrafo descrito en la Biblia, cobre fuerza y no pase ni una tilde desapercibida.

Hay mucho de qué hablar con respecto a esta señal, pero debido a que necesito continuar con muchas señales más, no podemos estacionarnos en una sola, pero al menos, querido lector, quiero que tenga la idea clara, de que cuando usted decide pararse y vivir para Cristo, es donde se está jugando el cielo o el infierno. Como hijos de Dios, debemos pararnos firmes. Si usted es un pastor o un miembro de una congregación, tiene además que tener cuidado de no ser movido fácilmente ante cualquier movimiento, porque la profecía es clara, "muchos tropezarán" y en consecuencia se perderán del glorioso Arrebatamiento de la iglesia.

Por tal razón, he escrito este libro para detallar el acontecer mundial, y para compartirle a usted la profundidad de cada señal bíblica, para que se mantenga alerta, y esperando al Señor Jesucristo mediante el Arrebatamiento.

Por esa razón, ¡debemos perseverar hasta el fin! Porque la recompensa será grande y maravillosa, y nunca más tendremos que padecer por amor a Cristo, esta vez permaneceremos en su amor y a su lado para siempre. ¡Amen!

> *Algunos estarán en persecución y algunos de nosotros quizás estaremos en tribulaciones. La iglesia ya está y ha estado en persecución desde la antigüedad hasta la fecha actual.*

⑨ MATEO 24:11

FALSOS PROFETAS EN LOS ÚLTIMOS DÍAS

Esta señal, podemos llamarle una señal "contundente", de que el Señor está pronto a llevarse a su pueblo. Hablar hoy en día de falsos profetas, es realmente mover el hormiguero en todo el sentido de la palabra, porque el tema de los falsos profetas tiene que ver también con el engaño, para eso referirse a la señal #1, pero acá voy a tratar de ofrecer una visión sobre "los falsos profetas".

Pero antes, veamos una breve explicación para que comprendamos los dos conceptos, de quién es el verdadero profeta de Dios, y quién es uno falso para comprender los tiempos actuales y no juzgar sin discernimiento espiritual, por esa razón me veo en la necesidad de hacer estas aclaraciones.

Muchos han tenido conocimiento de que se han levantado muchos "profetas" en la actualidad. Pero, si bien es cierto, la Biblia describe y aprueba un don llamado "profecía" (1 Corintios 14:1), debemos estar al tanto, no debemos confundir el ministerio del profeta, que es muy distinto, con el don de profecía.

Si vemos en la Palabra de Dios, aquellos hombres de Dios, que realmente eran profetas escogidos por Dios, se distinguían por ir a las ciudades a sentenciar algún juicio del que Dios quería alertarles, como ejemplo tenemos al profeta menor llamado Jonás, quien fue escogido por Dios para llevar un mensaje a Nínive (Jonás 1:1-2). El llamado de un profeta es ir a sentenciar un juicio a alguna ciudad, o alertar de algún acontecimiento futuro, a fin de que el país o la ciudad se preparen, o sobre todas las cosas se humillen ante la presencia de Dios, y de esa forma lograrán alcanzar misericordia ante Dios para evitar su juicio. Y leemos en la historia bíblica que Nínive se humilló ante Dios y la gracia de Dios fue extendida para la ciudad.

Tenemos también al profeta "Moisés", leímos en la Biblia que él fue obediente al llamado de Dios, y fue a advertirle al Faraón que Dios enviaría varios juicios si no liberaba al pueblo de Israel (Éxodo 4:8). En consecuencia, el juicio de Dios llegó al Faraón, cuyo unigénito incluso murió en una de las plagas. Pero aquí vemos varios eventos claros cuando Dios envía un mensaje por medio de sus siervos, los profetas.

Otros grandes siervos considerados como profetas mayores son: *Isaías, Jeremías, Ezequiel, Daniel*, quienes escribieron inspirados por el Espíritu de Dios varias profecías antiguas, que en la actualidad están en curso ante nuestros ojos; y hablaremos de ellas más adelante, como señal de que el Señor está a las puertas, y para que veamos que un profeta verdadero usado por Dios es capaz de sostener la palabra enviada al pueblo, aunque hubiesen pasado muchos años después.

Vemos entonces que estos hombres han dicho la palabra que Dios puso en su boca, desde hace cientos de años, y hasta este momento, cada una de las cosas que fueron escritas en la Biblia, están cumpliéndose con exactitud, y a ellos indudablemente les llamamos "profetas de Dios", es decir un profeta completamente GENUINO.

El don de profecía

Este don es el que se ejerce muchas veces dentro de alguna congregación, aunque no todos creen que este don este en acción en este momento, soy testigo claro de que el don de profecía se sigue moviendo dentro de las congregaciones. He visto una gran cantidad de profecías dadas a la iglesia, puesto que quien ejerce el don de profecía, dice la Biblia que es para "edificar, animar y consolar" a la iglesia (1 Corintios 14:3). Pero además, quien profetiza a la congregación puede discernir, por medio del Espíritu Santo, la condición de cada persona, y esto trae bendición para quien es descubierto o exhortado por el poder del Espíritu Santo (1 Corintios 14:24-25).

Hago esta aclaración en caso de que exista algún tipo de confusión, y mi intención es que, si usted tomó este libro para leerlo y no ha reconocido de Cristo, tenga conocimiento de que aun dentro de las congregaciones está activa la profecía bíblica, para de esa manera no caer en acusar al propio Espíritu de Dios, y saber diferenciar que es un profeta, profecía en la iglesia, y que es un falso profeta.

¿Tenemos claros estos puntos entonces? Muy bien, repasémoslos entonces, ya que me gustaría que en esta señal, sepa discernir estas claves para evitar caer en el error de juzgar a alguien. Además puede ser que se juzgue a un profeta, que al final puede ser un mensajero de Dios, y por esa acusación injusta, es probable que, a quien juzgue al profeta injustamente, Dios no le permita ser parte del Arrebatamiento. Entonces me es necesario hablar de estos puntos y aprovechar este espacio, para dejarle en claro querido lector estos puntos bíblicos. Definamos, pues, en brevedad para pasar a hablar sobre esta señal inminente.

1) **Profeta de Dios** – Es quien sentencia un juicio sobre una nación, un imperio, una ciudad, o inclusive directamente sobre una persona, recibiendo por supuesto instrucciones de Dios.

2) **Don de profecía** – Quien posee este don es una persona que está dentro de alguna iglesia o congregación, y Dios, mediante su Espíritu Santo, dirige para revelar algunas situaciones de alguna persona, sin que esta hubiese tenido alguna plática sobre su vida privada anteriormente, de esa manera ejerce el don de profecía, y la persona que recibe con exactitud, reconoce finalmente que es Dios quien le habló.

Así que preste atención a la siguiente gráfica, y no olvide esta regla bíblica.

Profeta de Dios - Es Bíblico
Don de profecía - Es Bíblico
Falsos profetas - No son bíblicos

¿Qué es un falso profeta?

Hay que tener un gran cuidado en esta descripción, puesto que un "falso profeta" es aquel que imita los puntos que he aclarado anteriormente, y tiende a ofrecer profecías que al final "no provienen de Dios".

Es aquí donde el Señor nos advirtió, que en los últimos tiempos se levantarían falsos profetas. La palabra **"Falso"** tiene varios significados que son: *Fingido, engañoso, simulado, falto de veracidad*. Pero ahora que usted comprende lo que es un verdadero profeta, al notar estas descripciones que le he mostrado, acerca de un "falso profeta", tendrá la capacidad de discernir que es un falso profeta, y no será engañado/a tan fácilmente.

Ahora bien, quisiera ofrecerle algunos ejemplos:

Algunos años atrás e incluso en la actualidad, hemos venido escuchando a varios líderes sectarios, ofreciendo un sinfín de profecías falsas. Por ejemplo, se han estado dando "fechas sobre el fin del mundo", o muchas veces hablan acerca de que "Dios dijo que destruirá a X nación", y si bien es cierto que todo puede parecer "verdadero", al final vemos que muchas de esas falsas profecías tristemente no se cumplieron ni se cumplirán.

Aquí es donde cada día vemos cumplida la señal acerca de que, en los últimos días, los "falsos profetas" estarán hablando "en nombre de Dios", pero son palabras que "Dios nunca les ha mandado a decir". Además, es del conocimiento de cada uno de nosotros, que muchas de las profecías escritas en la Biblia, nos garantizan que Dios no faltará a su Palabra, puesto que ni siquiera una tilde Dios dejará desapercibida en su Palabra. Por tal razón, es probable que usted vea en algunos medios muchas profecías de autores desconocidos, que al final son palabras habladas por hombres, y no es palabra hablada por Dios.

En realidad, la señal a la que Cristo se refirió y advirtió, es a una multitud desviada de la verdad en la Palabra de Dios, se levantarían "profetizando en nombre de Dios", pero es palabra que Dios jamás mandó o envió a decirla.

Sin embargo, he de advertirle sobre este engaño. Vaya a los puntos anteriores, para poder discernir, mediante el Espíritu Santo, si alguna palabra que escuchó de algún "profeta" realmente proviene de Dios. Sin embargo, esta señal se hará cada día más real, y debe de estar alerta para no caer en algún engaño enviado por el enemigo.

Pero además tengo que advertirle del "Falso Profeta", al que hace referencia el libro de *Apocalipsis*, pero esto ya son palabras mayores, ya que es un personaje que probablemente será desvelado haciendo su aparición después del Arrebatamiento de la iglesia de Cristo. Por lo tanto, en esta ocasión no hablaré a profundidad sobre esto, para continuar desarrollando el tema central que es referente a las "Señales antes del Arrebatamiento de la iglesia".

La Biblia declara que este "Falso Profeta" descrito en el libro de *Apocalipsis*, será el profeta con mayor especialidad en mentir, engañar, pues su intención será el de adormecer a las masas, para unir a todas las religiones del mundo y finalmente entregarlas en las manos del Anticristo, y de esa manera concluirá su misión, para luego recibir su justo juicio.

Pero mientras tanto, el mundo está siendo engañado por varios emisarios del enemigo, llamados los falsos profetas de nuestra actualidad, quienes pretenden causar "confusión, mentira y engaño" en nombre de Dios, para desviar a las almas de la verdad descrita en la Palabra de Dios.

Lo importante es que usted y yo sabemos que Cristo nos advirtió de esto, y no vamos a ceder ante tales engaños, si hemos puesto a Cristo como prioridad en nuestra vida, y si hemos dejado que su Santo Espíritu nos dirija hacia toda verdad, no seremos engañados.

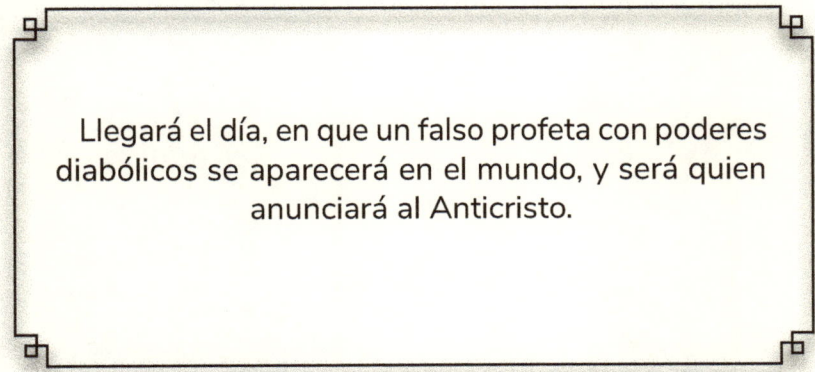

Llegará el día, en que un falso profeta con poderes diabólicos se aparecerá en el mundo, y será quien anunciará al Anticristo.

MATEO 24:12

¿POR QUÉ SE ESTÁ ENFRIANDO EL AMOR?

El Señor nos declara en su Escritura que una de las señales de su venida será "la frialdad de las personas al no ofrecer amor", pero sabemos que este verso de la Biblia, debemos tomarlo bajo dos perspectivas bíblicas, y por esa razón me es necesario tocar estos puntos...

Uno de estos aspectos, nos muestra que muchos por causa de las situaciones que el mundo estará viviendo, específicamente la iglesia de Cristo, perderán su primer amor con Cristo, de hecho, hay millares de fieles que han dejado de congregarse, o han apartado su vida del amor de Cristo, porque han sentido que el amor de Dios que estaba sobre ellos "lo han perdido". Este amor perdido hacia Cristo, también lo menciona el libro de *Apocalipsis 2:5*, donde el Señor le pide a su iglesia "que se levante de donde ha caído y no pierda su primer amor".

Es importante saber que a pesar de que la iglesia de Éfeso era celosa en algunos aspectos, ella dejó su primer amor en Cristo, por lo tanto, se había enfriado y hoy en día, si hacemos una comparación con la iglesia actual, hay cierta frialdad que está afectando al creyente, sobre todo en su primer amor en Cristo. Y es necesario volver a sentir el amor de Dios, para de esa manera mantener la comunicación con Dios, y mantener el candelero en fuego, para que Cristo sea agradado en estos últimos tiempos, y no sorprenda a su iglesia y venga sobre ella, y la encuentre desapercibida.

Además, después de tocar este breve punto hay una gran frialdad en el mundo en estos momentos, y esto es parte de las señales del fin, que a continuación pasaremos a analizar.

La maldad se multiplicará

La multiplicación de la maldad en el mundo, se ha incrementado desmedidamente, y esto ha causado que el amor de muchos se enfríe por completo, de hecho hoy en día hay un incremento desmedido de violencia en muchas ciudades, y hace tiempo atrás, no recuerdo exactamente en qué documental de TV, escuché que uno de los lugares más seguros para vivir en estos momentos es en "Groenlandia", vaya que está un poco lejos, allá se cree que los actos criminales son del 1 %, en comparación a las altas tasas de violencia, que otros países no pueden controlar en la actualidad, pero lógicamente no a todos les gustaría vivir en una tierra desolada y sobre todo a temperaturas bastante bajas.

Pero realmente, ¿qué está pasando con esta frialdad que afecta al mundo?

En esta parte de la profecía bíblica, yo quisiera que usted abra su mente al Espíritu Santo, y que pueda comprender lo que hoy estamos viviendo en el mundo, y vemos como el Espíritu Santo, pareciera, que lentamente se retira de algunas zonas gobernadas por la maldad. Pero realmente lo que le está pasando al mundo respecto a la frialdad es aterrador, cuando hablo del mundo, me refiero a todas aquellas personas que aún no tienen conocimiento pleno de Dios, o que conocen de Dios ligeramente, y que forman parte de esta profecía.

Por esa razón es que quise aclarar un poco más los dos lados de esta señal, para que comprendamos ambos lados, pero en realidad, la frialdad a la que Cristo hizo mención se refiere especialmente a los años donde el mundo estará siendo gobernado por el engaño, la avaricia, la soberbia contra Dios, la injusticia, la inmoralidad sexual, y todo esto acarreará la falta de respeto a su Palabra, haciendo que todo esto se vuelva una generación dura e insensible para extenderle la mano al prójimo, y todo esto es porque "la maldad se multiplicará".

Pero entonces veamos: **¿Qué es la maldad?** El mundo define la maldad como una "acción mala e injusta", pero bíblicamente la maldad a la que Cristo se refirió tiene que ver con "pecado". Este pecado es aquel que se extiende sobre toda una nación, o señala además, a una persona que es consciente de ejecutar propiamente, pecados en contra de las leyes de Dios, es decir, todo aquello que quebrante las leyes bíblicas; Y estos son actos maliciosos que lo único que estarán haciendo es llamar el juicio de Dios hacia la tierra.

Pero como esta señal tiene que cumplirse literalmente, sabemos entonces que nos queda muy poco tiempo en el mundo, puesto que, en este momento, el mundo está viviendo una serie de pecados mundialmente. Incluso las mismas naciones están aprobando leyes en contra de lo que Dios estipuló al principio, al hacer a su creación con sexos definidos "varón y hembra", siendo de esa manera quebrantada la Palabra de Dios, al aprobar leyes para bodas del mismo sexo. Aunque quiero aclarar que estas personas tienen toda la puerta de la gracia de Dios, esperando que puedan ser abrazados y consolados por la mano de Dios, tras un arrepentimiento genuino en sus corazones.

Pero no solamente se trata de esto, además hoy en día el hombre tiene la capacidad de tomar la vida de algunos pequeños, algunos bebitos son abortados sin siquiera lograr abrir sus ojitos, y darles la oportunidad de haber sido personas de provecho en el mundo. La frialdad del corazón de algunas personas la podemos ver palpable en este momento, ya que, de acuerdo a la web *Center for Disease Control and Prevention*, desde el año 1970 al 2016 se registraron un aproximado de más de 51 millones de abortos solamente en los Estados Unidos, por supuesto, hasta el día de hoy esa cifra ya debió de haber aumentado considerablemente. Pero si analizamos estas cifras en todo el mundo, diríamos que el resultado total de abortos debe de ser muy triste y lamentable, y no digamos para Dios, quien desde su trono contempla como su creación cada día es destruida por el enfriamiento del amor. Sin embargo, si usted o alguien cometió este error, recuerde que Dios en su misericordia le puede perdonar, y si es parte del Arrebatamiento, podrá abrazar a su pequeño en el reino de los cielos.

Ahora bien, la multiplicación de la maldad, también está relacionada con aquellos hombres que no se tientan el alma (tienen cauterizada el alma) para hacer daño a las familias, lo vemos por ejemplo en algunos países extremistas del Medio Oriente, donde miles de personas están siendo decapitadas; algunos son decapitados "sin razón alguna" aparentemente, y otros son decapitados por amor a Cristo, pero estas personas que llevan a cabo estos actos, demuestran que tienen sus corazones endurecidos y sin escrúpulos, tienen un gran hambre de ver sangre, de odio, y de matar.

También tenemos el caso de México, donde una cantidad bastante considerable de personas han sido asesinadas y decapitadas, pero no nos enfoquemos solamente en México, veamos además que en muchos países de Centro y Sur América, la maldad se está apoderando descomunalmente de varias ciudades, al ser alteradas por miembros de grupos de pandillas, que sin remordimiento alguno, son entrevistados por cadenas de noticias y demuestran un comportamiento totalmente frío; y con sonrisas perversas, se burlan de las leyes tras haber asesinado despiadadamente, y pareciera que aunque cumplan cadenas de prisión "temporales", estarían dispuestos a repetir sus crímenes sin remordimiento alguno. Sin embargo, si ellos se arrepienten, y dejan que Jesús les llene con su amor y misericordia, también alcanzarán el perdón de pecados.

Muchos gobiernos están decayendo, tras descubrirse que hasta los propios presidentes orquestan grupos delictivos, como fue el caso de un expresidente de Centro América, pero vemos en muchos países que mientras el pueblo trata de subsistir diariamente, a la mayoría de los gobernantes no les importa que el pueblo tenga grandes necesidades de medicinas, alimentos, y sobre todo necesidades de obtener mejores salarios y prestaciones para vivir mejor. Algunos ricos que están faltos de amor, de la bondad y de la misericordia a su prójimo, permiten que el pueblo humilde muera, sin ellos sentir algún remordimiento en sus corazones, con tal de llenarse los bolsillos de dinero, en consecuencia, la maldad se apodera de las naciones, y sin darse cuenta le abren la puerta al enemigo, para que la maldad sea multiplicada.

Muchos pueblos aportan en cada uno de sus países sus impuestos, sin embargo, muchos de los impuestos del pueblo, son muchas veces desviados de sus propósitos, siendo esto visto ante los ojos de Dios, como una maldad que tendrá que ser ajusticiada por su mano poderosa.

En consecuencia, como bien lo dicen las escrituras; "*Y por haberse multiplicado la maldad, el amor de muchos se enfriará*", basta solamente mirar hacia los alrededores y ver las noticias recientes, para comprobar que esta señal irá en aumento, lo que nos pone en total alerta a los hijos de Dios, para que podamos prepararnos para el gran levantamiento de la iglesia de Cristo, quien tendrá que salir del mundo, para permitirle a Cristo que venga a poner orden con puño de acero, en un mundo que se ha volcado completamente al pecado, y quien ha dejado a un lado a su Creador, Jehová Dios de los ejércitos, quien hoy le hace un llamado de alerta, para que se prepare, para partir a casa muy pronto, hacia nuestra morada celestial.

Al hablar en estos momentos de la maldad, creo que tendríamos que emplear una gran cantidad de hojas en este libro; sin embargo, querido lector, creo que muchos de nosotros estamos enterados del enfriamiento del amor. Hace años circuló un video por algunos medios de Internet, que contenía las imágenes más insensibles del mundo en ese tiempo, en las que una niña fue atropellada en China. Muchos de los carros pasan sobre ella y según se puede ver en las cámaras, las personas solo pasan al lado del cuerpo, y por varios minutos nadie hace nada por levantar a la pequeña niña, que yace en el piso siendo atropellada repetidas veces, ni los pilotos que pasan sobre ella, ni los transeúntes intentan socorrerla. Pero finalmente, pasados varios minutos, una mujer levanta a la niña como si fuese una muñequita de trapo, ya sin vida.

El video fue retirado de Internet, pero todo esto es parte de los tiempos del fin. El amor de las personas cada día lo estamos perdiendo, y es necesario que usted tome conciencia, si tiene a Cristo en su corazón, sea luz y sal en este mundo; y si aún no tiene a Cristo en su corazón, es tiempo de llamarle para que viva en su corazón, y pueda usted también comenzar a brillar y aportarle un poco de amor al mundo, pero para ello necesita tener la pureza del Espíritu Santo en su vida, para que sus frutos sean frutos de bendición y de edificación. De esa manera, usted estará esperando el llamado glorioso de Cristo, quien vendrá a juzgar a este mundo muy pronto, y espero que usted pueda vencer en Cristo. Será muy agradable verle sonriendo en el cielo, recibiendo recompensas de Dios.

Pero para ir terminando con esta señal, solo nos resta ver que el mundo se ha vuelto insensible, e inclusive muchos hoy en día creen que el "mundo tendrá paz", pero quiero recordarle algo, de acuerdo a la Biblia esta maldad estará aumentando cada día, y llegará un momento culminante, donde todos pedirán a grandes gritos "¡PAZ!" al ver la insensibilidad que impera. No obstante, esta paz que se pedirá no llegará hasta que Cristo vuelva a gobernar la tierra, ya que algunas profecías futuras nos recuerdan que Cristo volverá a tierra, pero esta vez vuelve para poner orden y someter al mundo bajo sus pies.

Pero para llegar hasta ese punto de la profecía bíblica, la Tierra deberá pasar un proceso extenso, en el que Dios necesita que sus hijos e hijas salgan del mundo, para permitirle trabajar directamente bajo su perfecto plan y voluntad. Por esa razón, querido lector, el propósito de este libro, es que usted forme parte de esos hijos e hijas, que abandonaremos el mundo mediante el Arrebatamiento de la iglesia, y anhelo con todo mi corazón que usted, que lee en este momento, pueda vencer y aferrarse a las promesas bíblicas, de esa manera estará velando, esperando el momento en que Dios de la orden para levantar a su pueblo que venció mediante Cristo Jesús.

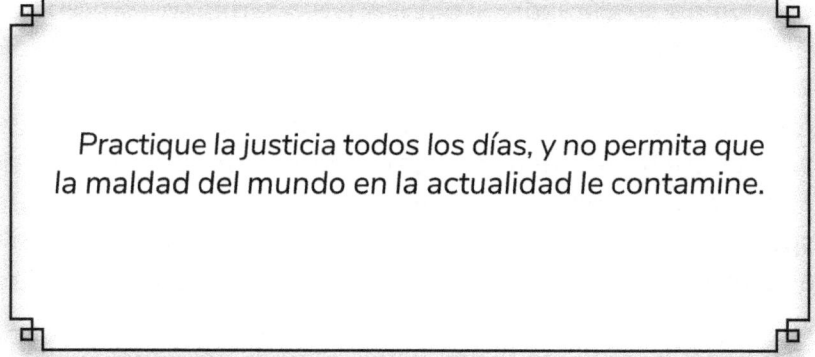

Practique la justicia todos los días, y no permita que la maldad del mundo en la actualidad le contamine.

MATEO 24:32

LA HIGUERA FLORECIÓ EL TIEMPO SE CUMPLIÓ

Por alguna razón siempre había sentido una gran atracción por películas, libros y documentales que narran la historia del pueblo de Israel, sin embargo, en esos años yo no comprendía por qué me llamaba tanto la atención todo lo referente a Israel, pero más tarde comencé a comprender que todo esto tenía un propósito y un plan de parte de Dios para mi vida, primeramente, y para bendición del cuerpo de Cristo.

Cuando Dios me abrió la mente, comencé a estudiar acerca de esa «higuera» a la que Cristo se refería en su discurso, y fue entonces que comprendí, en esos años, que esa higuera sería una de las señales contundentes del retorno de Cristo por su pueblo.

Sin lugar a duda, la higuera a la que Cristo hacía mención en Mateo 24:32 era y es Israel, que en el año de 1948, habría de formarse nuevamente como nación, tras pasar un terrible holocausto sufrido en la Segunda Guerra Mundial, en la que morirían una gran cantidad de judíos. Israel divagó cerca de 2000 años, hasta que finalmente comenzaron a retornar a sus tierras, a partir de su renacimiento entre 1947 a 1948.

¿Cómo fue que creció mi interés por las profecías bíblicas e Israel? Entre mi niñez y adolescencia, en la recámara en la que yo dormía junto a mi hermano menor, mi padre tenía un mueble donde alojaba todos sus libros de estudios teológicos, que le llevaron a obtener una maestría —aunque yo le consideré un Dr. en teología —, lo que nadie sabía es que en repetidas ocasiones, me gustaba leer en secreto muchos de esos libros y diccionarios que estaban a mi disposición. Pero, a pesar de que ya comenzaba a estudiar un poco las profecías bíblicas, pasé muchos años sin comprender el propósito que Dios tendría más adelante para mi vida.

Mi hambre por estudiar sobre Israel fue incrementándose. A pesar de que yo nunca había viajado a Israel, mi padre estuvo en ese lugar. Mi padre había filmado con su cámara regular muchos lugares bíblicos en los que caminó en Israel.

Al regresar mi padre a casa del viaje que hizo a Israel, recuerdo que yo sentía una gran ansiedad, por ver que era lo que mi padre había grabado con su cámara, entonces pasé viendo varios días todos esos videos en la sala de mi casa, conociendo la tierra de la que tanto se hablaba en la Biblia.

Tomando limonadas y café, y analizando cada video, mi hambre por conocer si los hechos bíblicos eran reales comenzó a crecer. Comencé a ver que todo lo dicho en la Biblia, encajaba con los videos que mi padre había filmado en aquel entonces; filmó desde el río Jordán, la Villa Dolorosa, donde caminó Jesús con la Cruz al morir por nuestros pecados, el Gólgota, el Valle de Meguido, etc., y muchos lugares de Israel, en los que pareciera como si yo mismo hubiera estado en el lugar..

En ese momento, sin yo comprenderlo siendo tan joven, un fuego profundo comenzó a arder en mi corazón por escudriñar la Palabra de Dios más a fondo. Al pasar los años, algunos hermanos, cuando llegaban a la congregación, llevaban consigo varios libros y DVD originales que narraban la historia de Israel, y sentía una inquietud por adquirir ese material y así lo hacía. Y de esa manera fue que finalmente vi la prosperidad de Israel, y como Dios fue teniendo un plan para esa nación. Una nación que está en este momento en el ojo del huracán, debido a una serie de profecías bíblicas que están en progreso, y que espera ver a su Mesías, quien retornará en su Segunda Venida para poner sus pies en el *monte de los Olivos*, lugar en el que Israel caerá rendida ante los pies del Salvador del mundo.

Ahora bien, bíblicamente en varios pasajes de la Biblia, vemos que indiscutiblemente Israel es la máxima expresión cuando hablamos de una "higuera". De hecho, la Biblia registra 43 veces aprox. la palabra "higuera" e inclusive Cristo la mencionó.
Pero en la mayoría de los casos, la palabra "higuera" está ligada también a la "Vid", ambas palabras están asociadas a Israel, y quizás se preguntará: «¿y cómo es esto?».

Tierra Santa, según la historia, es una tierra que tiene varias líneas principales de vegetación, tanto de vid, como higueras, y ambas palabras también se utilizan en un sentido figurado para referirse a Israel. Por tal razón hablar de la "higuera" es reconocer que Israel es una tierra que florece en higos, pero la declaración de Óseas 9:10, nos declara que *"Israel fue hallada como una fruta temprana de higuera en el desierto"*. Y es así como la Biblia asocia a la higuera con Israel.

Pero sé que algunos conocedores de la Biblia dirán: «¿Y solo esté verso ampara, la postura de que Israel es la higuera a la que Cristo se refirió?». Para ver un botón más claro, podemos leer en el capítulo 24 de Jeremías una descripción sobre "los higos buenos y los higos malos". Aquí Dios le ofrece una visión a Jeremías sobre dos cestas de higos, los cuales son la representación del pueblo de Israel, el pueblo que obedece a su voz, y una parte del pueblo que desobedeció.

En ese mismo capítulo Dios señala que Él plantará esos higos en su tierra, refiriéndose a Israel. Recuerde que los "higos" solamente pueden provenir de una «higuera», jamás vendrán de un árbol de manzanas o limones, por tal razón, es contundente e importante comprender con exactitud, esta parte de la profecía bíblica.

Ahora bien, quiero aclarar estos puntos, referente a que Israel es la higuera de la que habla Cristo, ya que muchas personas creen que esto es "una invención humana", y que en realidad "Cristo se refirió a una higuera en su forma natural, sin tener nada que ver con Israel". Sin embargo, cuando hablé la primera vez en Internet sobre esta postura, algunos creían que "yo estaba loco", y tenían la idea de que todo esto "era producto de mi imaginación". Pero analizando cada detalle de la formación de Israel y sabiendo que Dios mismo compara al pueblo de Israel con «higos», no cabe la menor duda de que esa higuera a la que Cristo se refirió en esta señal, es Israel en la actualidad. Por tal razón, la higuera ¡Ha florecido! Y esto nos indica que la venida de Cristo por su pueblo está más cerca de lo que imaginamos.

En el estudio que realicé respecto a la higuera, para determinar qué tan cerca estamos de la venida de Cristo, encontré algunas cosas impresionantes que están disponibles para todos en la Biblia, pero tenemos que discernir que, para estos tiempos, el Señor estará expandiendo el conocimiento de la Palabra de Dios, como confirmación de lo dicho hace miles de años.

Dios, en su inmenso amor y misericordia, está abriendo el entendimiento de su Palabra a todo el mundo, a fin de que todos procedamos en arrepentimiento, y alcancemos la vida eterna en Cristo. Y este, es el propósito de analizar cada una de estas señales, para que veamos el cumplimiento exacto de la Palabra de Dios y estar a cuentas con Él.

El florecimiento de la higuera Israel

Desde el año en que Israel retornó a sus tierras hasta el día de hoy, Israel ha tenido un crecimiento, que ha sido la admiración de muchas naciones en todo el mundo. Se estima que desde el año 1948 fueron plantados 20 millones de árboles. Esta plantación de árboles cubre más del 8 % del territorio israelí, y además es un fuerte exportador de flores silvestres, higos, aceitunas, ciruelas y almendras, sin descartar los minerales que son extraídos del mar Muerto, donde se han descubierto propiedades favorables para la piel humana, siendo la nación un fuerte exportador de cremas para la cara, por contener minerales exclusivos del mar Muerto. Además, los descubrimientos más recientes, señalan que Israel posee varios yacimientos de gas, con un valor extremadamente alto.

Israel, tal como Cristo profetizó, es una nación que simbólicamente ha florecido, es decir, la nación ha echado raíces y se ha convertido en una higuera frondosa que, ante la vista del mundo entero, era imposible de creer. Una nación tan pequeña, y con tan poco tiempo de haber sido fundada, hoy es vista como una potencia mundial en tan pocos años, con mucha riqueza natural. Como bien lo advirtió Cristo, la higuera daría sus ramas tiernas, y sus hojas brotarían, significando esto que "el verano se acercaría".

La llegada del verano

Cuando vemos en el verso 32 de Mateo 24 la frase "sabes que el verano está cerca", es cuando debemos comprender, que el Señor Jesucristo se refería a cada uno de los eventos que mencionó, al principio de la profecía, y sobre todo al cumplimiento de la señal del regreso de Israel en la actualidad. Esta palabra viene de **«Theros»** que significa **"calentar"**, y esto significa que Cristo nos advierte de que cuando nosotros veamos "las cosas calientes", es decir, cuando veamos frecuentemente los acontecimientos que él describió, no habrá ninguna duda de que las señales del fin de siglo están en pleno progreso.

Si analizamos la palabra «verano» en el sentido climatológico, nos daremos cuenta de que esta es la estación más "caliente del año", de hecho, hay zonas en las que el calor se torna insoportable.

¿Recuerda la profecía de los principios de dolores? Efectivamente, a esto mismo se refiere el Señor, viviremos días donde cada una de las señales se intensificarán, el mundo se verá muy desequilibrado, y pocas personas —a excepción de usted— comprenderán que todo este sufrimiento "no tiene sentido". Pero usted sabe que será necesario que ocurran estas cosas, para que llegue el momento culminante de ser arrebatados e ir hacia Cristo, quien esperará en las nubes, para luego partir hacia el lugar que Dios nos tiene ya preparado en su gloria, es decir, la casa del Padre.

Por esa razón es urgente que veamos, que el verano está avanzado en este momento. Israel es una nación fuerte y llena de prosperidad en la actualidad, pese a sus constantes guerras; inclusive el armamento militar con el que se defienden es uno muy sofisticado, y hasta hoy en día, Israel es odiado por sus enemigos.

Pero recordemos la historia, Israel desde el primer día en que sus enemigos supieron que retornaría a sus tierras, ingresó en guerras, todo esto los llevó a que formaran una nación, que en la actualidad ha logrado obtener poderío nuclear. A continuación, quiero nombrarle algunas de las guerras, que obligó a Israel a llenarse de armamento, hasta que finalmente las naciones ya han comprendido en la actualidad, que Israel ha dejado de ser la pequeña nación, "que fue pisoteada en la antigüedad".

Guerras que enfrentó Israel para florecer

(1948) The War of Independence – La Guerra de la Independencia - Esta fue la primera guerra que Israel enfrenta, justo en el año en que miles de judíos comienzan a retornar a sus tierras. Israel logró vencer, pese a que contaba con armamento muy pobre, para defenderse de quienes "querían echarlos" de su tierra.

(1956) The Sinaí Campaign – La Campaña del Sinaí – Esta

guerra fue en conjunto con Gran Bretaña y Francia, y fue necesaria para desbloquear el Eilat, donde los egipcios habían roto un tratado, y habían bloqueado un canal importante. Era necesario liberar la zona, además esta guerra eliminaría el terrorismo que estaba sufriendo Israel. Nuevamente Israel sale vencedor.

(1967) The Six day War – La Guerra de los Seis días – Esta guerra es muy conocida por el mundo. Muchos no se explican por qué Israel en tan pocos días, logra destruir a varios de sus enemigos. Sin embargo, se cree que Dios les otorga la victoria en el día seis, para que reposasen el séptimo día, ya que para los judíos de sangre, es una tradición guardar el día de reposo.

(1967 – 1970) The War of Attrition – Guerra del Desgaste Tras terminarse la Guerra de los Seis días, en esta nueva guerra, los egipcios pelean contra Israel por el control del canal de Suez, y con el apoyo de la Unión Soviética, Cuba, Jordania, OLP (Organización para la liberación de Palestina) y Siria, la guerra dura más de tres años, luego se firma un alto al fuego y ambos lados se atribuyen "la victoria".

(1973) Yom Kippur War – Ramadán u Octubre Guerra – Esta guerra nuevamente es liderada por Egipto, y su objetivo principal era recuperar el Sinaí y los Altos del Golán. De nuevo, una coalición de países árabes pelea en contra de Israel, siendo Cuba el único país hispano, que dio soporte a Egipto para pelear en contra de Israel. La Unión Soviética, hoy conocida como Rusia, había tenido una leve tensión contra Estados Unidos por esta guerra, pero a pesar de que varios países de la coalición árabe se enfrentaron en contra de Israel, el resultado final termina en una victoria en favor de esta nación.

(1982) Lebanon War – La Guerra del Líbano – Esta guerra fue una intervención por parte de Israel en el Líbano, y llevaba como emblema «Operación Paz para Galilea», la intención del ejército israelí fue expulsar la OLP del país, y fue la respuesta de un intento de asesinato de un embajador israelí, que se encontraba en el Reino Unido.

(1991) The Gulf War – La guerra del Golfo – Irak se anexa Kuwait, y decide atacar a Israel como parte de sus amenazas contra la coalición internacional, y utiliza misiles Scud B. Pero Israel recibe por parte de los Estados Unidos, baterías de defensa Patriot que son antimisiles Scud para proteger la nación. En consecuencia, toda la población israelí se siente atemorizada, porque creen que están al borde de una guerra biológica o química; y se da la orden que todos porten máscaras de gas. A pesar de ello, la población israelí logra ver cómo funciona el escudo protector antimisiles, sin recibir severos daños. Al terminar la guerra, salieron algunos tratados que favorecieron a Israel.

Quizás se preguntará: «¿Por qué debo reconocer la existencia de estas guerras?». La razón por la que he mencionado estas guerras, es porque necesitamos reconocer las bases que han convertido a Israel en "una potencia mundial". Aquí es donde el mundo se ha maravillado, ya que, a pesar de las numerosas guerras que Israel ha enfrentado, la nación sigue existiendo. El plan de Dios se hace real en estos tiempos, y todo esto ha llevado a que Israel, en efecto, sea una higuera que ha logrado florecer tanto económicamente, como militarmente. Sus propios enemigos la han obligado a fortalecerse, desde el primer día en que retornaron a sus tierras.

Lo más impactante de todo esto, a mi entender, es que Israel ha enfrentado algunas guerras livianas en la actualidad, nada comparables con las guerras pasadas que recién mencioné. Sin embargo, de acuerdo con la perspectiva del tiempo de Dios y según algunos rabinos, Israel se adentrará en un periodo no muy lejano, en una de las guerras nucleares más grandes en su historia, donde Dios mismo intervendrá. Es importante recordar que tanto Israel como sus enemigos han crecido militarmente a estas alturas.

Pero recuerde, querido lector, para lograr comprender la siguiente señal, es necesario entender las bases de la nación de Dios. De esa manera, podemos discernir el tiempo de Dios, al que Cristo se refirió para los últimos días. Querido lector, damas y caballeros, jóvenes y señoritas, amados hermanos, Israel es la nación de Dios y la niña de su ojo (Zacarías 2:8), y está comprobado históricamente. ¡La higuera ha florecido! El tiempo de Dios para levantar a su amada iglesia, también es una realidad que pronto será noticia mundial. Por esta razón, voy a seguir poniendo en énfasis en este libro, la importancia de que usted esté a cuentas con Dios, siendo este mi mayor deseo.

Es importante que se mantenga pendiente del acontecer mundial, y con este libro, estoy seguro de que en este momento le estará bendiciendo en su corazón, puesto que todas estas cosas que hoy le comparto, son hechos significativos a los que nosotros deberíamos de prestar un gran cuidado, puesto que a estas alturas, el tiempo de Dios está más que acelerado.

Es necesario que nos llenemos de conocimiento para no solamente salvar nuestra alma, también es necesario hablarle a su familia, amigos, vecinos e inclusive debemos interceder por aquellos que aún no conocen de Cristo, y mientras estén en vida, ellos tienen la oportunidad de ingresar a la puerta de salvación mediante Cristo Jesús.

> Israel ya dio sus frutos, sus campos y su tecnología es asombrosa, la higuera se ha consolidado conforme a lo profetizado por Dios. ¡Te bendigo, oh, Israel!

MATEO 24:34

NO PASARÁ ESTA GENERACIÓN

Hemos llegado a una de las señales más emotivas en este libro, estimado lector, y es una que particularmente me apasiona. Hace años, escribí un artículo en Internet sobre esta señal, pero ahora me emociona compartirla en este libro, ya que no es lo mismo leer un artículo breve, que analizar con mejor enfoque esta señal, en un libro donde hay suficiente espacio y tiempo, para analizar con mayor detalle esta porción de la Biblia, la cual es parte integral de los temas tratados aquí.

En la señal actual, debemos tener en cuenta lo que en realidad significa "una generación", y debemos saber diferenciar "a qué generación Cristo se refiere en su sermón". Según leemos en el verso 34 de Mateo 24, Cristo estaba advirtiendo a sus discípulos, que habría una generación que presenciaría las señales que he estado enumerando.

A estas alturas del libro usted ha venido comprobando junto conmigo esas señales, y que ambos "estamos de acuerdo" en que cada una de las señales que hemos visto hasta ahora, están en pleno cumplimiento, ¿cierto?

Entonces, ¿cómo sabemos a qué generación se refirió Cristo? Analizando detenidamente estas palabras, me atrevo a decir que Cristo les habló a sus apóstoles en clave, ya que en la antigüedad yo he leído que Daniel no comprendió con exactitud, algunas visiones que Dios le mostró, de igual manera al principio del sermón los apóstoles le preguntan a Cristo: «*¿Dinos que señal tendremos de tu venida y de fin de Siglo?*».

Si analizamos esta pregunta, nos daremos cuenta de que los discípulos se muestran bastante ansiosos, por conocer que acontecería en los últimos días, y esta cuestión fue la que llevó a Cristo a hablar en términos más comprensibles, para una generación futura, ya que Cristo mismo sabía que esa pregunta llegaría a la generación correcta.

En todo el capítulo de Mateo 24, Cristo no solamente habló de las señales de fin de siglo, además habló del Arrebatamiento, habló de su Segunda Venida a tierra, habló del Anticristo, del infierno, y mencionó la gran tribulación.

Sin embargo, en esta ocasión no voy a sumergirme en cada verso, ya que perderíamos el enfoque principal de este libro. Por lo tanto, en este capítulo se habla de varias cosas, que hoy en día son muy comprensibles para la generación que vería estas señales. Esto nos lleva a deducir que estamos viviendo la generación correcta, a la que Cristo le dirigió esté sermón.

¿Qué es generación?

Esta palabra viene del original «*Genea*» y en hebreo significa «*Dor*». Su significado varía según algunos diccionarios, pero verificando cada uno y haciendo una mezcla de ellos, la palabra "generación" significa "el nacimiento de algo", "engendrar", y además significa: "la descendencia de un antepasado", junto al "círculo y ciclo de vida de una persona".

Aquí podemos detenernos un momento, y analizar estos significados cuidadosamente. ¿Cree usted que es casualidad, que Israel naciese como nación nuevamente hace pocas décadas? A mi criterio, ante la presencia de Dios ¡Jamás! vamos a encontrar casualidades. Lo curioso de la generación actual, es que Cristo nos dice: "No pasará esta generación sin que todo esto acontezca".

En la generación actual, Israel ha regresado a sus tierras, ha tenido guerras fuertes, y vea esto; "la descendencia, el linaje de sus antepasados (israelís), están de vuelta tras divagar cerca de 2000 años". ¿Por qué ahora? Y más cuando todas las señales que Cristo describió, son más reales que este libro que ahora tiene en su poder. Repito de nuevo, ¡Para Dios no hay casualidades! Queramos o no verlo, estamos en esa generación final a la que Cristo se refirió. De hecho, nosotros, como generación actual, no podemos taparnos los ojos y decir "Esto no está sucediendo", es como decir: "Estoy viendo la maldad en la tierra ahora mismo, pero no es real, es solo mi imaginación". ¿Verdad que es real?

La humanidad ya no es la misma de hace algunas décadas, y lo vimos en la señal de la multiplicación de la maldad, de igual forma estamos al borde de ver cosas mayores, inclusive si estamos en Cristo, seremos parte de la desaparición de millones de personas, mediante el Arrebatamiento de la iglesia de Cristo.

Quizás usted puede pensar: «¿Cuánto falta para que Cristo vuelva a por los suyos?». Para ello me gustaría que fuésemos a la siguiente explicación, donde voy a darle una "aproximación", pero léase bien, es una "aproximación" bíblica para medir el tiempo de Dios, ya que, en este momento, tras analizar cada una de las señales, puedo decir que el tiempo de la venida de Cristo está más cerca que nunca. Y no porque yo lo diga, lo dicen las señales actuales y la misma Palabra de Dios. Así que pasemos a medir una generación de acuerdo con las enseñanzas bíblicas.

¿Cómo medir una generación bíblica?

En los Salmos 90:10 encontramos un verso bíblico acerca de los años del hombre, y recientemente analizamos que la palabra «Genea» es además *"el lapso o ciclo de vida de una persona"*, por lo tanto, la Biblia nos declara en este Salmos, que *"los años de nuestra edad son 70 años y en los más robustos 80"*, aquí tenemos un ejemplo sobre la duración de una generación.

Además, he obtenido un ejemplo en *2 Samuel 19:31-39*, donde se narra la historia de un hombre llamado Barzillai Galaadita, quien tenía 80 años y le solicita al rey que le deje retornar a su casa, para morir en paz y ser sepultado junto a la tumba de su padre. El hombre sabía que su vida estaba llegando al límite que Dios le estipuló. Con esto no quiero sustentar teorías, simplemente cómo expliqué al principio, esto sirve para que tomemos una aproximación de lo que significa una "generación bíblicamente". Sin embargo, hay una infinidad de información en la que se muestra que el promedio de vida del hombre, hablando científicamente, es de 70 a 80 años, aunque dependiendo del cuidado que cada hombre tenga, podrá lograr vivir más años. Pero recordemos que la Biblia nos dice en estos versos, qué ocurre cuando alguien obtiene más años de vida de los ya estipulados por Dios, y podemos leer algunas reflexiones en *Eclesiastés 11:8* y *Eclesiastés 6:3-4*.

Así que, dejando en claro el ciclo de vida humana, es tiempo de pasar a analizar el enfoque central, sobre la generación a la que Cristo se refirió. Para ello vamos a hacer un cálculo presente, basándonos en el nacimiento de Israel en 1948.

Por ejemplo, si realizamos una resta desde el año actual, hasta el año 1948, vamos a obtener el resultado de años desde que Israel se formó como nación. Por ejemplo, reste el año actual, menos 1948 y obtendrá el resultado de los años que llevamos de generación. Pero quiero aclararle algo, esto es una aproximación, en ningún momento con este dato se está tratando de buscar una "fecha u hora" a la venida de Cristo, estoy ofreciendo de acuerdo con las palabras de Cristo y al estudio bíblico, lo que será una generación para medir el tiempo de Dios.

Recuerde que la Biblia nos advierte que "nadie sabe el día ni la hora" (Mateo 24:36). Por lo tanto, le pido que tome esta perspectiva con madurez, sin caer en una errónea interpretación o en sensacionalismo.

La razón por la que yo no hago la resta en este momento, es porque creo que solamente Dios puede decidir en qué momento levantará a su iglesia. Es probable que Dios nos conceda una generación mayor a los 70 años contando desde el nacimiento de Israel, o una generación mayor a los 80 años, o quizás si se le antoja a Dios, puede darnos de 100 a 120 años más. Sin embargo, nuestra humanidad tiende a pensar de esa manera, pero las señales del retorno de Cristo son contundentes, y vamos a seguir analizando con detalles bíblicos, porque creo que el Señor ha marcado a esta generación actual, como **"la última generación"**.

Quizás seré juzgado por esto, pero recuerde que incluso el apóstol Pablo, cuando hablaba de la venida de Cristo se incluía dentro de esa venida cuando declaraba: *"Luego nosotros los que vivamos* **seremos arrebatados***... recibiremos al Señor..."* (1 Tesalonicenses 4:17).

Pero yo me atrevo a ir más allá del apóstol Pablo, puesto que el Espíritu Santo nos da testimonio mediante las señales que Cristo nos dejó, de que nosotros seremos la generación que formará parte del Arrebatamiento. Las señales son claras y contundentes, a nosotros nos ha tocado verlas, vivirlas y experimentarlas. Para el mundo los acontecimientos actuales serán inexplicables, pero para los que creemos y vemos los tiempos actuales, sabemos que estamos viviendo días emocionantes y tristes a la vez, días finales, en los que de un momento a otro, el Padre dará la orden para levantar a su iglesia.

Recordemos que Cristo nos invita a conocer las señales de fin de siglo, además nos dice que *"muchos saben distinguir las estaciones del tiempo"*, hablando del clima, pero las señales que él ofreció e hizo en su momento, para el mundo y millares de personas serán "algo sin importancia". No obstante, para nosotros que le amamos son muy importantes.

¿Somos realmente la última generación?

He escuchado a muchas personas decir: "Las guerras siempre han existido, también pestes, terremotos, y todo lo que vemos ahora siempre se había visto anteriormente", hay mucha razón en todo esto, pero hay un punto grande que hace la diferencia, y es que durante muchos años, el pueblo de Israel no había retornado a sus tierras durante todas las generaciones pasadas, tuvieron que pasar cerca de 2000 años, para que una profecía descrita en el libro de *Isaías*, viniese a cumplirse en la actualidad.

En la profecía de *Isaías 43:5-7*, es declarado: *"Que de los confines de la tierra el pueblo israelí será recogido para tomar sus tierras"*. Y esto es lo más asombroso que nos ha ocurrido a nosotros, actualmente diferentes tribus israelís, que se habían mantenido ocultas practicando las tradiciones judías en otros países, están regresando a Israel desde los confines del mundo, que son los continentes actuales, y esto ha causado que muchos se pregunten «¿Por qué razón?».

Recordemos que, si estamos al borde del Arrebatamiento, la profecía bíblica indica en *Apocalipsis 7*, que de estas tribus saldrán 144.000 sellados, para pregonar el evangelio "cómo testimonio". Pero esto será tras la partida de la iglesia de Cristo, quien concluirá su misión, para darle paso a estos escogidos de las tribus de Israel, quienes ya están retornando actualmente a esta tierra de Dios. Esto quiere decir, que las tribus ya se están preparando para salir a la gran comisión de evangelizar durante la gran tribulación, están regresando desde los continentes (cabos) del mundo.

Le pregunto: ¿Es esto una gran casualidad? Por supuesto que no querido lector, esto significa una sola cosa, nosotros, la iglesia de Cristo, estamos llegando a nuestra misión final, para que Dios se encargue directamente tras nuestra partida, de evangelizar al mundo completamente "para testimonio", y entonces el fin llegará. Actualmente, tengo en mi poder un mapa, que me proporcionaron algunos líderes proisraelís, que contiene la ubicación geográfica, en donde las tribus ya fueron identificadas, y están siendo motivadas a que vuelvan a la tierra de Israel en breve, y muchos de ellos ya están volviendo.

Por esa razón no hay duda de que somos esa generación bíblica que es testigo clave de estas señales, además, vemos que el resto de las señales que Cristo nos indicó son cada día más claras. Por lo tanto, tomemos en cuenta lo que ha ocurrido durante estas décadas, y no deje querido lector, que ese evento glorioso que he venido mencionando en este libro le vaya a sorprender. No se quede fuera del Arrebatamiento. Por si aún quedan dudas, pasemos entonces a analizar "cuáles son los días que estaremos viviendo para esta época según la Biblia".

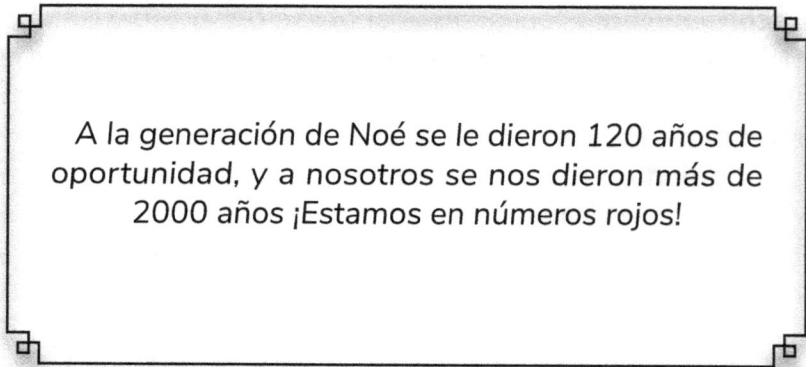

A la generación de Noé se le dieron 120 años de oportunidad, y a nosotros se nos dieron más de 2000 años ¡Estamos en números rojos!

MATEO 24:37

CÓMO EN LOS DÍAS DE NOÉ

La primera pregunta que debemos hacernos en esta señal es la siguiente: «¿Cuáles fueron los días de Noé?». Recordemos que en el capítulo 6 del libro de Génesis, se nos indica qué fue lo que ocurrió con esa generación, de esa manera es que Cristo nos dice que para su venida, nosotros estaremos viviendo días muy similares a los de Noé. Sin embargo, seamos realistas, nuestra generación actual, es mucho más perversa que la generación de Noé que Cristo describió.

Debemos darnos cuenta de que hoy en día, se están viendo altos índices de inmoralidad en todo el sentido de la palabra, el hombre ya no respeta los estandartes bíblicos, y esto mismo fue lo que llevó a Dios a tomar la decisión de destruir la generación de Noé.

En ese tiempo Dios había determinado erradicar por completo al hombre, y le dolió en su corazón lo que su creación estaba haciendo. Sin embargo, dentro de toda esa multitud había un hombre que, a pesar de la inmoralidad del mundo, este hombre mantenía su corazón en comunión con Dios y practicó la justicia.

Noé es mencionado en la Biblia cómo un hombre íntegro y hacedor de justicia, quien encontró gracia delante de Dios, y de esa manera, es que Dios le ordena que se construya un barco gigante (arca), para salvarle junto con su familia.

Algunos científicos creen, que antes nuestro mundo estaba compuesto por aguas con una sola porción de tierra. De hecho, comparto la visión científica de que en el pasado existía un solo continente, ya que ellos a esta unión de tierra le llamaban «Pangea», y creen que ocurrió "hace millones de años". Sin embargo, estudios actuales señalan que, en efecto, la tierra era una enorme porción de tierra, es decir, un solo continente.

Pero estudios más recientes de la Biblia señalan que, tras el diluvio anunciado por Dios, las fuentes del gran abismo fueron rotas (Génesis 7:11). Esta expulsión de agua a chorro proveniente del gran abismo, o de los abismos profundos, fue la causa de la fracturación de la tierra. Déjeme explicarle una teoría que yo sostengo; para que ese gran abismo fuese roto, es muy probable que un fuerte terremoto golpease lo profundo del mar, lo que ocasionó que la tierra fuese agrietada para finalmente ser separada en distintas partes, y de esa manera fueron creados los continentes. De esa manera, si unimos los continentes actuales, vamos a ver que cada continente tiene rasgos de haberse separado el uno del otro.

¿Para qué necesitaba Dios continentes? Estudiando sobre este punto, yo encuentro una probabilidad de que Dios pensase en separar la tierra, para que hubiese diferentes civilizaciones en todo el mundo, quizás para volver a probar al hombre por última vez, y ver si aun separándolos en varias regiones, le amarían con todo su corazón al vivir en diferentes regiones.

Pero en la actualidad, vemos que la mayoría de los seres humanos, nuevamente le dan la espalda a Dios, y ahora hay mucha corrupción, violencia, injusticia, y sobre todo falta de sensibilidad al Espíritu de Dios. Por esa razón es que en el pasado Dios toma la decisión de erradicar a esa generación.

¿Qué llevó a Dios a castigar al mundo con un diluvio?

Aquí debemos razonar y analizar nuevamente la señal número 10, ya que una de las razones que motivó a Dios a destruir la generación de Noé, fue nuevamente "la maldad", que es "el pecado del hombre". Los días de Noé estaban siendo días perversos, y llenos de maldad y violencia, en consecuencia, leemos en Génesis 6, que los hombres de Dios y el pueblo en general habían buscado tener "varias mujeres", es decir, estaban viviendo días completamente volcados a sus deseos carnales.

Esto es algo muy parecido a nuestra actualidad, ya que el hombre o mujer, han estado cediendo de una manera desmedida a sus deseos carnales. Nuestro mundo actual, se ha volcado a la fornicación y al adulterio mundialmente. Y esto es precisamente parte de lo que Dios viene a corregir, sin embargo, aquellos hombres y mujeres que procedan en un arrepentimiento genuino mediante Cristo, tienen asegurada su vida, pues no serán parte de los juicios venideros.

Antes del diluvio comían y bebían

En la descripción que Cristo nos dejó, leemos esta declaración en Mateo 24:38, donde se nos dice cómo vivía la generación de Noé; "comiendo y bebiendo". Es probable que usted piense: «Pero todos comemos y bebemos, de otra manera, ¿cómo lograríamos sobrevivir?». Y es válido ese comentario, sin embargo, estas dos palabras encierran un significado mayor; y en realidad a lo que Cristo se refería es algo similar a nuestra actualidad para "comer y beber", ya que nosotros necesitamos trabajar, de esa manera la comida y la bebida necesitan ser llevadas a nuestras bocas mediante el trabajo duro, y muchas veces el trabajo ha logrado consumir más tiempo del debido, lo que ha provocado que la humanidad se vuelva más materialista e insensible a la voz de Dios, no teniendo tiempo siquiera para visitar algún lugar para reunirse y buscar en conjunto con otros el rostro del Señor.

Esto mismo le ocurrió a la generación de Noé, estaban muy entusiasmados en "comer y en beber", lo que nos indica que no tenían interés en el mensaje que Noé les predicaba; él anunció que una gran inundación llegaría a la tierra y lo tomaron como "una burla", y su burla se debía a que en esos años las plantas recibían un vapor que reemplazaba la lluvia (Génesis 2:6), por lo que la lluvia era inexistente, de esa manera la generación de Noé se burla de su mensaje.

Ahora, si tomamos la posición de ver la tierra en ese entonces bajo la perspectiva científica «Pangea», era lógico pensar que la generación de Noé estaba muy lejos de conocer los mares o las aguas, probablemente ellos estaban muy lejos de conocer lo que era ver caer lluvia o agua del cielo. La posición geográfica en la que ellos vivían, pudo contribuir a sembrar más incredulidad en la generación de Noé. Para comprender nuestra generación actual, es necesario que analicemos un momento más la generación de Noé, para que usted pueda comparar de una manera justa, si nosotros en la actualidad "le estamos cumpliendo a Dios"...

Mientras que Noé se encargaba de construir aquel gigante y hermoso barco (Génesis 6:14), no cabe la menor duda de que todos creían que Noé era un completo "loco", pero algo de lo que ellos nunca se percataron es que ese barco, que realmente era un arca, los protegería del desastre. El arca era su pasaporte hacia la salvación de sus vidas y de la ira de Dios.

Se casaban y se daban en casamiento

Quizás usted se preguntará: «¿Que tenía de malo que se casaran?». No habría nada de malo si se tratara de bodas normales, el problema es, que si analizamos detenidamente por qué Dios había decidido destruir a la generación de Noé, encontramos en una parte de la Biblia que: "el pecado, que es la maldad del hombre, era demasiado (Génesis 6:5)".

Además, hay una parte en la escritura que menciona que el "designio del hombre" era perverso, es decir, sus pensamientos eran dominados por el corazón, y tal como lo señala la escritura; "el corazón es perverso y engañoso". Era tanto el pecado que cuando Cristo hace mención de esas bodas, da la impresión de que se trataban tanto de bodas normales, como bodas anormales, es decir, bodas como las que estamos viviendo hoy en día, exactamente iguales, bodas de parejas entre los mismos sexos, bodas no aprobadas por la Biblia, bodas entre hombres con hombres, y mujeres con mujeres. Y tratándose de bodas normales, estaban entretenidos casándose sin tener en cuenta a Dios, no les importaba que en el momento, había una advertencia contundente de que pronto llegaría destrucción mediante un diluvio. Además, el tomar varias mujeres por esposas, había llegado hasta la misma presencia de Dios.

La generación de Noé estaba muy entretenida en complacerse a sí mismos, estaban complacidos en sus deseos aberrantes y salvajes, y finalmente deciden tildar a Noé "de fanático y loco", hasta que "vino el diluvio y se les acabó el tiempo". La historia nos narra que ellos tuvieron alrededor de 120 hermosos años, para arrepentirse de sus pecados, pero decidieron que era más complaciente "vivir conforme a los deseos de sus corazones", que vivir conforme al plan y al propósito de Dios.

Ahora bien, me gustaría que tomara nota de esto que quiero compartirle querido lector, recuerde que comentamos que una generación bíblica dura entre 70 a 80 años, por lo tanto, si tomamos literalmente la profecía de la Biblia que dice, que Jesús volverá **"como en los días de Noé"**, debemos comprender que al mundo le quedarían exactamente 120 años, desde que Israel retornó a sus tierras en 1948. Lo que nos llevaría a tomar en mucha consideración este dato que hoy le comparto. De ser así, estaríamos viviendo en números rojos en el reloj profético de Dios. Así que prestemos atención y cuidado a este dato.

Ahora bien, recordemos que en el momento que Dios decidió enviar un diluvio, Dios le ofreció a la generación de Noé un tiempo estimado de vida nuevamente, y les concede vivir 120 años de generación (Génesis 6:3). Es por eso que se ha llegado a creer que la generación de Noé fue advertida del diluvio durante 120 años, ya que tras las órdenes de Dios de erradicar al hombre, Noé comenzó a trabajar en el arca, y esto debió tomarle varios años por tratarse de un proyecto grandísimo, donde albergaría a las especies de animales dominantes de la época.

Debemos tomar muy en serio, el hecho de que Dios siempre ha estado acortando los días del hombre. En el caso de la generación de Noé, el pecado que el pueblo había cosechado, fue la causa de que el hombre viviera menos años y algo parecido ocurre en nuestra actualidad, la Biblia nos señala que en los últimos días "los días serán acortados". Tal como lo vimos en la señal número 7, donde le expliqué el acortamiento de los días, los días necesitan ser acortados para que muchos seamos salvados. Pero recordemos la importancia de comprender lo que es una generación bíblica, ya que un lapso similar a los años de nuestra edad que son 70 a 80 años, fue otorgado a la generación de Noé, pero esta constaba de 120 años aproximadamente.

¿Cómo vive nuestra generación en la actualidad?

Jesucristo fue muy claro, cuando nos habló de que los días antes de su venida estarían siendo similares a los días que vivió Noé, por tal razón no es muy complicado comprender como funcionaba la generación de Noé, puesto que nuestra generación está viviendo exactamente como ocurrió antes del diluvio universal.

Me gustaría compartir las siguientes preguntas, para que comprendamos que nuestra generación tiene una gran similitud con la generación de Noé:

¿Hay expectación en el mundo por la venida de Cristo? La advertencia que la iglesia de Cristo le hacemos al mundo de hoy es: "¡Arrepiéntete de tus pecados porque Cristo viene pronto!" Sin embargo, la Biblia nos declara que la venida de Cristo no será apercibida por la generación actual. La Biblia nos dice en *Lucas 18:8* lo que sucede: «¿Cristo encontrará fe cuando vuelva por los suyos?». Que en palabras más comprensibles quiere decir: «¿Cristo encontrará a esta generación fiel y justa siguiendo su Palabra, y con un deseo ardiente en su corazón de volar con él hacia el cielo?». Responda aquí ___ o escudriñe su corazón, ¿qué respondería, siendo honestos, ante la presencia de Dios?

¿Nuestra generación se encuentra entusiasmada en buscar el rostro de Dios, o está más afanada por comer y beber? Actualmente, hay un afán desmedido por "obtener riquezas", inclusive el mismo pueblo de Dios ha caído en estas situaciones afanosas. De igual forma, aquel pueblo que aún no conoce de Dios, vive afanado por el mañana, a pesar de eso la Biblia nos hace varias advertencias, y una de ellas se encuentra en Mateo 6:31, donde Cristo mismo es quien nos está pidiendo que *"no nos afanemos por comer o beber"*, pero en la actualidad seamos sinceros con Dios ¿Está nuestra generación enfocada en la Palabra de Dios, o hay más afán por trabajar y hacer dinero que por servir a Dios? Y esta es una pregunta más que deberíamos de responder querido lector.

¿Está nuestra generación viviendo días de paz o de violencia? Es evidente que hoy estamos viviendo días de inseguridad, en cualquier momento escuchamos en los noticieros, acerca de grupos que asesinan despiadadamente a la humanidad.

Muchos de ellos simplemente tienen su corazón puesto en sus propios pensamientos, e inclusive en sus propios deseos de ver sufrir al prójimo. Pero Dios en su misericordia ha dejado también un último aviso a todas estas personas, para que tengan un arrepentimiento genuino, y no sean ajusticiadas por el trato directo de Dios que se aproxima.

¿Hay respeto en el hogar por mantener un matrimonio íntegro para Dios? La generación de Noé vio que había muchas mujeres hermosas, y decidieron tomar "varias mujeres para sí mismos" (Génesis 6:1-12). Esto mismo sucede en la actualidad, hay un deseo incontrolable en el mundo por fornicar y adulterar, y ¿sabe cuál es una de las maneras más populares? Mediante la pornografía, que es una de las armas más destructivas, para despertar el morbo en una relación de esposos, y destruir la sexualidad conforme al plan de Dios.

Y no digamos la contribución de una infinidad de redes que utilizan Internet, en las que hay sitios escondidos, ofreciendo todo tipo de material sexual y sucio, que es abominable ante los ojos de Dios. Hasta los niños han sido perjudicados al abrirle estas puertas al enemigo, haciendo que ellos crezcan con una mentalidad dada a la perversión. Muchos sitios de Internet "que parecen inofensivos", son utilizados para que los niños o adolescentes queden atados a puertas espirituales, que finalmente les pueden destruir y perjudicar dentro del hogar, y sobre todo en el entorno familiar. Y a raíz de ahí, es que suceden muchas rebeliones en contra de Dios y hacia los padres.

¿Qué tipos de bodas se están haciendo más populares en nuestra generación? ¿Acaso no es suficiente la burla de utilizar banderas con el arcoíris, que fue el arco que Dios nos dejó como recordatorio de que nunca más vendría un diluvio a tierra para destruirla? Sin embargo, si volteamos un poco la cabeza hacia los noticieros, nos daremos cuenta de que hoy en día el mundo entero está aprobando bodas para parejas del mismo sexo, y esto está ocurriendo mundialmente. Y los colores preferidos, que identifican a este movimiento son "los colores del arcoíris", aquel arcoíris que Dios nos dejó como evidencia de su pacto con el hombre, pero una vez más la tierra se ha corrompido como en la antigüedad e ignoran a Dios, como si fuesen "poca cosa" las advertencias que Cristo nos ofreció.

Entonces, nosotros debemos analizar y ser conscientes de los días que estamos viviendo. No hace mucho una niña me comentaba que, en su escuela perteneciente a California, Estados Unidos, ella vio cómo dos niñas se besaban ante la vista de todos, y debido a las leyes aprobadas, los profesores las apoyan en su conducta.

Personalmente, yo he visto varios casos similares, pero el que más me impresionó, es ver a dos jóvenes mujeres de aproximadamente 14 y 15 años, besarse en medio de una calle ante la luz pública. ¿Dudamos a estas alturas de que estamos al borde de un inminente juicio de Dios? Con Dios nadie debe jugar, pero es necesario que todo esto acontezca. Sin embargo, oremos como iglesia, para que estas vidas puedan salir de ese engaño o semilla, que el enemigo les ha sembrado.

¿Está nuestra generación atendiendo al arrepentimiento en Cristo, mediante sus siervos y profetas que aman su palabra? La Biblia nos narra que Noé terminó el arca, y solamente ocho personas fueron las que atendieron al llamado que Noé hizo.

De esa manera, esas personas, que eran la familia de Noé, pueden representar al número de personas que serán salvas en la actualidad. No será un gran número por lo visto, pero esos ocho que fueron salvos en el diluvio, pueden simbolizar 8 millones de personas, o quizás más o quizás un número más reducido. Lo que sí es cierto es que usted se encuentra en alerta máxima en este momento, para que usted sea parte de ese levantamiento mundial que pronto sucederá, cuando Cristo decida sacar a los suyos del mundo.

Si está en sus posibilidades, recuerde además contribuir a que otros tengan acceso a la Salvación mediante Cristo, porque será muy doloroso cuando vengan al mundo los juicios descritos en la Biblia.

No deje que algunos de sus familiares o inclusive amigos o amigas, sufran las consecuencias de lo que experimentará el mundo en el futuro por su desobediencia. Ofrézcale por lo menos una palabra de esperanza a los que viven a su lado, y procure buscar de Dios para que los juicios de Él no le alcancen.

> *El número 8 en la Biblia significa "comenzar de nuevo", y veamos que la generación bíblica puede durar 80 años o quizás 120 años según la Biblia. Sin embargo, recuerde que esto solo es un análisis, pero no pierda de vista las señales bíblicas actuales.*

EL DESCUBRIMIENTO DEL ARCA DE NOÉ ¿SEÑAL DEL FIN?

Hace varios años, recuerdo que cubrí la noticia para Internet, sobre el descubrimiento del arca de Noé en el Monte Ararat, donde una expedición evangélica, de origen chino se aventuró tras "el mito contado por generaciones". El mito decía que «en la cima del Monte Ararat se encuentra reposando un inmenso barco». Tras escuchar lo que se decía del barco, finalmente la expedición de chinos partió rumbo a la montaña Ararat para ir en busca del mito contado, ellos se prepararon con tiempo, ya que no es fácil escalar la montaña.

En los preparativos, algunos miembros del equipo de origen turco, trabajaron con anticipación para abrirle paso a la expedición que partiría hacia la montaña Ararat. Recordemos que el relato de la Biblia nos narra en Génesis 8:4, que el arca que Noé diseñó por orden de Dios; «reposó en el monte Ararat», y efectivamente, así fue como ocurrió.

El equipo logró escalar cerca de 2800 metros sobre el nivel del mar, lugar donde se aclimataron. Aunque, a pesar de ello, sufrieron varios síntomas. Pero tras llegar al punto de partida, consiguieron subir 4000 metros, para finalmente llegar al lugar en el que se encuentra el arca de Noé, tal y como la Biblia lo relata.

Ellos tomaron fotos del arca, e incluso trajeron consigo trozos de madera, para poder presentarlas como evidencia, de la existencia del arca de Noé. El objetivo de los investigadores era ingresar al arca, y lograron abrir siete espacios, que son las diferentes secciones que Noé utilizó, para albergar a los animales de la especie dominante en esa época, incluyendo su alimentación. El arca se ha logrado mantener casi intacta y en buenas condiciones, debido al hielo que cae sobre el Monte Ararat, y esto permitió conservar el arca hasta nuestros días. Y como todo para Dios tiene un propósito, utilizó el hielo para que la evidencia fuese revelada con mayor claridad, a una generación de grandes avances científicos, y que contaría con el equipo moderno para ir tras la verdad bíblica del Arca de Noé.

Este descubrimiento yo lo relaciono cómo una gran señal para el mundo, ya que la Biblia nos advierte que el Señor Jesucristo volverá *"como en los días de Noé"*. Esta expedición fue a comprobar la evidencia observable del arca, que está registrada en la Biblia, y es bueno que las personas comprendan que la Biblia es más real de lo que podemos imaginar.

Por esa razón, es que debemos prestarle mucha atención a las profecías que hemos estado analizando, ya que Cristo nos anuncia, que los días que estamos viviendo serán similares a los de Noé. Y no es ninguna casualidad, que el arca venga a ser expuesta en estos años de nuestra generación, como si el diluvio, apenas hubiese ocurrido hace unos pocos días.

No es cosa del azar, querido lector, al contrario, todo tiene su tiempo, y el tiempo de que el Arca de Noé saliese a luz ha llegado. ¿Con qué fin o propósito? La principal razón es que Dios está utilizando todo, y cuando me refiero a todo, es a todo lo que existe en el mundo, para comprobarles a los incrédulos la existencia de un Dios vivo y real; sin dejar de lado, a su amado pueblo, confirmándonos que su mano poderosa nunca nos ha abandonado. Pero además, es evidencia de que Dios reclamará a quienes opten por desobedecer su Palabra, y el sacrificio de su hijo amado Jesucristo. Esto sucederá cuando llegue el tiempo determinado, de llamar a toda la humanidad a su último juicio, cuando toda la evidencia que Dios le ha dejado a su creación, jugará en su contra si no hay un arrepentimiento genuino, y se vuelve la generación actual a Dios.

Debido a esto, mi intención con este libro es que cada hombre, mujer, anciano, joven, señorita o adolescente, vea con claridad las señales que estamos viviendo actualmente. De esa manera cobremos temor, no a las señales, sino más bien a Dios, ya que en el pasado Dios no perdonó a ninguna generación, y nosotros como generación tampoco seremos la excepción. El tiempo se está acabando, se está acortando, Cristo vendrá por aquellos que hagamos su voluntad, sirviéndole con gozo, con alegría, y con todo nuestro corazón, tratando de apegarnos lo más que podamos a su Palabra.

Por favor, no deje pasar este mensaje desapercibido, mi intención es que cada persona que lea este libro, logremos vernos allá arriba y podamos estar gozándonos juntamente como una gran familia, donde por promesa bíblica, las penas y dolores se hayan acabado. Pero para ello es necesario llegar a la meta, procurando por todos los medios, que seamos tenidos por dignos de ser librados de los juicios venideros.

Ahora que tiene claro, que el arca de Noé es real y es una de las últimas señales que Dios le ha dado a nuestra generación, pasemos a conocer un misterio que probablemente usted nunca haya escuchado. Pero para estos días, como bien dije anteriormente, Dios estará utilizando todo lo que pueda servir como evidencia, para que cuando venga el juicio nadie tenga excusas de que no fue advertido, ya que Dios es un Dios justo, y nunca incurrirá en hacerle un juicio sin antes tener la evidencia, es mejor prepararnos a tiempo.

El Arca de Salvación y el misterio oculto

La Biblia es tan exacta, que a continuación veremos que desde la antigüedad, Dios había dejado profetizado la llegada de una nueva Arca de Salvación, pero esta vez es y será la última oportunidad para el mundo.

De acuerdo con el Dr. Chuck Missler, quien es comentador expositivo del *Instituto Koinonia*, en *Génesis* capítulo 5, se describe la genealogía de Adán, que incluye los nombres hebreos de los antepasados de Noé. Según estudios y análisis de las palabras descritas en los nombres, el resultado de lo que se descubrió mediante estudios profundos del hebreo al español, es algo realmente impresionante. Dios nos advierte que la nueva Arca de Salvación estará presente en los últimos días. Veamos qué significan estos nombres de acuerdo con el estudio, y me he tomado la molestia de traducir el significado lo mejor que pueda del inglés al español, basándonos en lo ofrecido por el Dr. Chuck Missler.

Adán =Hombre	Set =Designado	Enós =Mortal
Cainán =Tristeza	Mahalaleel =El Dios bendito	Jared =Vendrá
Enoc =Enseñanza	Matusalén =Su muerte traerá	Lamec =Los desesperanzados
Noé =Alivio, consuelo		

Para sorpresa de todos, el significado de los nombres de la genealogía de Adán, forma la siguiente profecía que se cumpliría:

> "El hombre es tristeza mortal designada, pero el Dios bendito vendrá enseñando que su muerte, traerá alivio o consuelo a los desesperanzados".

Vemos que esta frase nos demuestra, que la llegada del Mesías a la tierra, Jesús o Yeshua, ha sido registrada desde la antigüedad en los propios nombres, de los hombres que han causado un gran impacto en la historia bíblica. Se ha llegado a creer, que los significados de los nombres, han sido manipulados desde la antigüedad para que no se conocieran en el futuro, debido a que esto indicaría que la vida de Jesús estaría registrada desde los inicios del mundo. Estas palabras que recién leyó estarían encerrando el principio de los Evangelios, pero en Israel esto se encuentra en uno de los libros de la Torá, como lo es el libro de *Génesis*, y para ellos será algo sin relevancia en este momento, puesto que no creen en Jesús (Yeshua) cómo su Salvador personal.

Tal como vemos en este ejemplo, Dios es un Dios de amor y de misericordia, y nuevamente nos advierte sobre la existencia de esa Arca, llamada Cristo Jesús o Yeshua. Desde los orígenes del hombre, la mano de Dios ha estado sobre la humanidad, y Dios es fiel y justo para perdonarnos de todos nuestros pecados, pero para ello hay que reconocer a Cristo, quien es la única puerta para poder escapar de los próximos eventos que vienen sobre la tierra.

Por esa razón, en la actualidad muchos necesitamos correr hacia ese barco que simboliza Cristo, puesto que es el único medio para poder ser salvados de los postreros juicios que vienen al mundo. Es importante que comprendamos que hoy en día, estamos viviendo días similares o quizás peores a los de la generación de Noé, pero en medio de todo esto Dios tiene un plan de escape para cada uno de nosotros, y por eso es fundamental que estemos velando y esperando la venida de Cristo.

Pero para ello le recuerdo una vez más, si conoce de Cristo hable de Él a cuantas personas pueda, si aún no le conoce, al finalizar este libro, voy a estar dándole instrucciones finales mediante la Biblia, para que pueda asegurar su alma en Jesús, siendo Él la última oportunidad de ingresar al arca de Salvación, y pueda usted también ser parte de esta fiesta hermosa que se aproxima, para ver al Señor en las nubes cuando decida arrebatar a los suyos.

LUCAS 21:25

SEÑALES EN EL SOL, LA LUNA, LAS ESTRELLAS, EL MAR Y LAS OLAS

En el libro de Lucas podemos encontrar otra perspectiva de las señales que Cristo nos declaró bajo la visión y perspectiva de Lucas, quien documentó una serie de sucesos y escribió detalles que no se encuentran en los otros Evangelios, es decir, lo que Cristo habló en el *monte de los Olivos*.

Lucas escribió lo que Mateo pudo pasar por alto en algunos pormenores, cuando Cristo estaba dando su discurso, pero viene a ser el mismo mensaje que nosotros debemos adoptar como nuestro manual de vida.

El Sol dando señales claras

Algunas personas han llegado a creer, que las señales descritas en este capítulo y verso bíblico, se verán solo durante "la gran tribulación". Pero en la actualidad, descubrí en algunos estudios que comencé a realizar desde el sitio oficial de NASA, que los telescopios han estado captando explosiones "extrañas en el Sol". Puedo decir, con toda seguridad, que nuestro Sol ya no es el mismo que en épocas pasadas.

Se han estado viendo explosiones más fuertes, que están arrojando filamentos bastante intensos, que están afectando nuestra calidad de vida. La Biblia nos declara, que el sol estará jugando un papel importante para los días finales y, de hecho, según los científicos, en la capa de ozono se ha estado abriendo un agujero debido a la contaminación. Este agujero cada vez se vuelve más extenso, y han firmado acuerdos, para que los países reduzcan el uso de sustancias químicas, para que la capa de ozono pueda restaurarse; hay datos que señalan que la capa se abrió 29,78 millones de kilómetros cuadrados en el año 2003, y desde ese periodo hasta el año actual, han tratado de llegar a varios acuerdos en diferentes países, para evitar la destrucción de la capa de ozono. Se estima que para el 2050, la capa de ozono debería ya de estar "restaurada", pero a pesar de la iniciativa, creen que la destrucción del ozono estratosférico seguirá por varios años.

Quiero aclarar algo, yo no soy científico, pero hay ocasiones en las que tenemos que utilizar la guía del Espíritu Santo, para analizar algunas cosas que ocurren en el mundo. Algunos utilizan el "sentido común", para conocer que la tierra está recibiendo rayos gamma más fuertes, con cada explosión que el Sol realiza, los rayos gamma son lanzados hacia la Tierra, y en consecuencia, nuestra capa de ozono no está teniendo la misma capacidad para filtrar los rayos, que permiten fomentar la vida de animales y plantas, incluyendo la vitamina D que nuestro cuerpo necesita, para fortalecer los huesos y fomentar nuestra salud. Sin embargo, los clorofluorocarbonos industriales, conocidos además cómo CFC, son los causantes de que la capa de ozono tenga problemas serios, que nos están afectando, al permitir que los rayos ultravioletas enviados por el Sol a la Tierra, sean causantes de daños permanentes en la salud humana, tales como el cáncer de piel.

Debido a esta información que hoy le comparto es que personalmente, he optado por utilizar desde hace varios años algunas cremas con protección UV (Ultravioleta), para evitar que el sol me dañe, y si voy a alguna playa, lago o río trato de utilizar cremas con mejores componentes, ya que el sol se puede sentir con más fuerza que en años pasados. Y esto no es algo científico, es algo que usted mismo puede comprobar, sobre todo si ha viajado mucho a lagos, playas o ríos, como es el caso de su servidor.

Aprovecho para sugerirle, que cuide su salud, no exponiéndose directamente al sol cuando está extremadamente fuerte, de hecho, a muchos amigos y hermanos que veo que vuelven de sus trabajos, con el rostro quemado por el sol, les digo: "Te sugiero utilizar una crema para la piel, para protegerte, nuestro sol ya no es el mismo desde hace 20 años". Algunos sonríen pensando en que soy "un exagerado", pero cuando comencé a investigar acerca de las profecías bíblicas sobre el sol, me fui encontrando con estas verdades que no se pueden negar; tristemente, si no se cuida, podría terminar con un cáncer en la piel, que se verá reflejado, no en el momento, sino con el transcurrir de los años. Es por esto que le aporto esta sugerencia.

Según la ciencia, el Sol está jugando un papel importante, al emitir llamaradas solares más fuertes. Si utilizamos la lógica, nos damos cuenta de que para esta época, el mundo está teniendo un gran avance en la industria, incluyendo el crecimiento de automóviles, que provocan un tráfico insoportable muchas veces, ya que millones de autos y motos, se mueven diariamente en diversos países contaminando nuestra atmósfera. Si sumamos las llamaradas solares, junto con toda esta contaminación, esto hace que nosotros nos veamos afectados, y puede causar estragos en nuestra calidad de vida, por esa razón, debemos de tener precaución y ser prudentes en nuestro caminar por este mundo, a causa de los tiempos que nos han tocado vivir.

Sonidos de trompetas en el cielo

¿Le han comentado que en algunas partes del mundo, se están escuchando sonidos como de trompetas en el cielo? Déjeme contarle un poco la historia, y probablemente le sorprenderá.

Desde hace varios años, algunos testigos han señalado que, se están escuchando "sonidos de trompetas" en el cielo. Me llamó mucho la atención lo que estaba ocurriendo, y en su momento me di a la tarea de investigar de que se trataba, ya que sostengo una teoría, la ciencia puede llamarles a las cosas por su nombre, pero nosotros como iglesia de Cristo y creyentes al evangelio del Señor, sabemos que cada acontecimiento es una señal, que se debe de analizar con la Biblia, porque ella es la que tiene las respuestas a cada una de las cosas que ocurren en el mundo.

He estado investigando acerca de estos sonidos que algunos

llaman **"apocalípticos"**, y otras personas denominan **"sonidos del fin del mundo"**, —estos títulos son los que confunden a la humanidad, a base del desconocimiento de las profecías bíblicas—. Pero resulta que quien estaba detrás de estos sonidos, fue de quien menos lo esperaríamos, ¿Sabe quién? El mismo astro que acabo de mencionar en este mismo texto, el Sol.

¿Quién imaginaría, que nuestro sol ha estado causando sonidos de trompetas en el cielo? A mi criterio, esto literalmente viene a cumplir parte de las profecías bíblicas, sobre todo la que nos advierte de que el sol nos daría señales de la venida de Cristo, yo no tengo dudas sobre esto.

El científico Mr. Khalilov analizó una teoría que quiero compartir. Aclaro que no está sustentada en su totalidad por el gremio científico, pero es interesante ver, cómo la ciencia trata de buscar respuestas a muchas de las cosas que suceden en el mundo. La explicación consiste, en que los sonidos que se escuchan, se producen debido a la actividad solar, causante de grandes llamaradas solares, que se desprenden desde el Sol. Las llamaradas solares desprenden ondas que chocan contra el viento solar, convirtiéndose en ráfagas de radiación electromagnética, creando entonces las llamadas ondas gravitacionales. Estas llamaradas vienen a recaer sobre la capa de la Tierra, y en consecuencia, se crean los sonidos de "trompetas" en el cielo, que han estado atemorizando a muchos pobladores.

Si bien, estos sonidos han causado un gran impacto cuando son escuchados en vivo, lo que en realidad estamos presenciando en ese momento, es que el Sol está desprendiendo grandes llamaradas y su actividad se está intensificando, de tal forma, que ha llegado al punto de enviar sonidos provenientes desde el espacio a la Tierra.

Lo que yo encuentro acá, es que estos sonidos o fenómenos en el sol, no se habían visto de una forma tan seguida. De hecho, he consultado a muchas personas de edad avanzada, si habían escuchado sonidos de trompetas similares en su época, a lo que me responden con un rotundo «¡Jamás había escuchado eso!».

Esto me lleva a pensar, que Dios está utilizando hasta el Sol para advertirle a su hermosa creación, de que su hijo amado Jesucristo está cerca de tomar a los suyos para llevarlos a casa. El Sol, conocido además como el astro Rey, ya ha comenzado a dar las señales que la Biblia nos advirtió, y por esa razón debemos nosotros de estar al tanto; y saber que llegaría un tiempo en el que una generación de personas, comenzaríamos a ver este tipo de fenómenos, en el cielo y en la tierra. Y hasta hoy en día, querido lector, la Biblia nos ha dicho lo que vendría al mundo, y acontecería para los últimos tiempos. Tenga en cuenta que estos sonidos aparentemente, nunca se han escuchado en épocas pasadas, como en nuestros días. Muchas ciudades están experimentando estos sonidos y varios testigos han captado los sonidos en video.

La ciencia siempre encontrará una manera de explicar estos eventos, pero viendo esto de una forma más espiritual y bíblica, yo puedo sentir sin lugar a duda, que Dios nos estuviera avisando mediante *"sonidos de trompetas"*, lo que realmente vendrá al mundo.

Estos sonidos a mi criterio están anunciando la tribulación venidera. Además, es una señal muy clara para el cuerpo de

Cristo, de que el Señor está a las puertas, pero tristemente no todo el mundo comprenderá estas señales.

¿Quién iba a imaginar que el sol estaría cumpliendo su papel importante, tal como fue profetizado en la Biblia? No hay duda de que estamos en los tiempos del fin querido lector.

Quiero aclarar que estos sonidos, de acuerdo con los estudios bíblicos, no son las trompetas del apocalipsis descritas en *Apocalipsis 8*, así que no se deje engañar por malas interpretaciones de la profecía bíblica.

Cuando las trompetas del *Apocalipsis* se hagan realidad, tras ser tocadas, la Tierra experimentará el juicio directo por parte de Dios; todo el capítulo explica con claridad lo que sucederá.

Pero para su tranquilidad, si aún está leyendo este libro, y escucha que la iglesia de Cristo seguimos anunciando la venida de Cristo en este momento, significa que estas trompetas todavía no serán ejecutadas.

Si su vida aún se encuentra sin Cristo, quien es nuestra única vía para alcanzar salvación, debe entonces reconocerle en este momento cómo el único salvador de su alma, ya que Él es la única vía para evitar este periodo que se viene con todo. Y de esto trata este libro, de ayudarle a comprender lo que sucede en el mundo según la Biblia, y además trata de advertirle sobre lo que vendrá a la tierra. Pero más que nada, me gustaría que usted formase parte del cuerpo de Cristo, pues mi intención es que Dios le guarde de lo que viene.

El sol ya nos demostró, que su creador lo utilizaría también como una señal clara y contundente para estos últimos tiempos, y hasta este momento así fue y así será, la Biblia no miente.

Señales en la Luna

En lo que va del año, nosotros hemos sido testigos clave de una serie de fenómenos Lunares, incluyendo las tétradas Lunares, que han estado aconteciendo continuamente. Nosotros hemos presenciado los cambios que la Luna ha experimentado, al tornarse varias veces de un color rojizo, y en tan solo una década.

El fenómeno que causó que la Luna se volviese roja, ocurrió en ocho ocasiones consecutivas. Verdaderamente, deberíamos de estar ciegos como para no ver que este fenómeno Lunar, conocido popularmente como **"Lunas rojas o Lunas de sangre"**, ha estado sucediendo de una forma continua, y en lapsos de tiempo bastante cortos.

Existe un estudio más profundo, ofrecido por otros ministros de Dios sobre las tétradas Lunares, en los que se puede ver que las fechas en que se dieron estos fenómenos, coinciden con algunas fiestas del pueblo de Israel. Sin embargo, querido lector, yo quiero tocar esto de una manera minuciosa, para ir compartiendo otra serie de señales futuras, e ir comprobando como la Biblia se ha cumplido al pie de la letra.

Durante los últimos años, tanto la Luna como el Sol, han estado ofreciendo varios espectáculos. De hecho, las tétradas son eclipses Lunares de los que hemos sido testigos. Además, lo que pasó con el cometa Elenin, tema que hemos tocado anteriormente en este libro, la Luna y el Sol también se alinearon y fueron partícipes de algunos terremotos.

La Luna tiene influencia sobre el mar, pero esto no debe ser motivo de alarma, aunque últimamente, varias personas han estado reportando varios fenómenos en la Luna, en donde se aprecian extraños halos de colores, desde la tierra y diversos eclipses Lunares. Todo esto tiene una explicación científica, pero bíblicamente sabemos que estas cosas han de acontecer, para los últimos tiempos.

Me gustaría aclararle algo querido lector; de acuerdo a la Biblia, la Luna jugará un papel muy importante más adelante, ya que hay una profecía en la que se describe, que la Luna se llenará de sangre, durante la apertura de los juicios directos por parte de Dios, según *Apocalipsis 6:12*. Debemos comprender y saber diferenciar, los dos tipos de acontecimientos que la Luna experimentará. Quiero aclararle esto, puesto que me gustaría que, tras leer este libro, sepa diferenciar las señales proféticas; y si usted desea compartirle a algún familiar, iglesia o amigos, sobre estos temas, tendrá la garantía de que todo esto me ha tomado años de estudios bíblicos, y sobre todo el entendimiento mediante el Espíritu de Dios, para simplificar y adaptar todo esto, a un lenguaje comprensible para nuestra época. Veamos entonces algunas señales que la Luna ofrecerá antes del Arrebatamiento y después de este evento.

1). Antes del Arrebatamiento, debemos saber que la profecía bíblica indica, que la Luna actualmente estará tornándose como roja, debido a los diversos eclipses o tétradas Lunares. La Luna nos estará advirtiendo que el Señor estará llegando para levantar a los suyos y los suyos son quienes reconocieron a Cristo como el salvador de sus almas y quienes le estén esperando y anhelando con todo su corazón.

Esto es lo que vemos ahora mismo cuando la Luna ofrece

algún tipo de fenómeno y muchos ven estos hechos como algo "natural", pero quienes estemos enterados, sabremos de inmediato que la venida de Cristo está pronta a acontecer. Y como dice el verso de Joel 2:31: *"la Luna se convertirá en sangre"*. Pero aclara que será **"antes de que venga el día del Señor"**. Quiero decirle que el "gran día del Señor" es conocido como "la gran tribulación", aquel día temido que vendrá después de que la iglesia de Cristo, hayamos abandonado esta tierra.

Por esa razón es importante reconocer las señales previas al "gran día del Señor", la Luna ya nos está avisando de que ese día del que habló el profeta Joel, se está aproximando y esto debería de mantenernos alerta y despiertos, en ayuno y en oración, santificando nuestras vidas para la gloria de Dios. Si la Luna ya está jugando un papel importante en la profecía bíblica, es momento de estar atentos, pues el Señor vendrá para levantar a los suyos. Las señales en la Luna literalmente están cumplidas.

2). En Apocalipsis 6:12, se habla sobre un evento que figura dentro de los Sellos de Dios, este sello traerá consigo un terremoto que sacudirá al mundo, causando que el sol se vista de silicio (de luto), y la Luna como de sangre. Hago esta aclaración, porque muchas personas creen que las señales actuales que la Luna nos está ofreciendo, no tienen "nada de especial", pero ahora que usted y yo estamos analizando las profecías bíblicas, sabe que tanto el sol y la luna tienen dos etapas al darnos señales. La primera etapa es para anunciar la venida de Cristo por su pueblo, y la segunda etapa se dará cuando la tierra ya esté sufriendo varios juicios directos por parte de Dios.

En *Apocalipsis 6:12*, se habla que la Luna nuevamente se

volverá como de sangre, pero será a causa de un gran terremoto. En esta etapa, el mundo ya estará viviendo un caos total y esto me lleva a compartirle dos teorías:

La primera es que para ese tiempo la Luna y el sol se oscurecerán, es muy probable que sea porque los volcanes que están dormidos, serán despertados tras ese potente terremoto, y lanzarán cenizas por todo el mundo, ocultando a la Luna y el sol, viviendo varios días de oscuridad total en la tierra, donde la Luna se verá teñida de rojo, y el sol no dará más su resplandor.

La otra teoría es que para ese tiempo el hombre podría haber ya colonizado la Luna, y como dice la Palabra de Dios: "*nadie escapará del juicio de Dios*" (1 Tes. 5:3). Algunos seres humanos podrían morir allá arriba, o quizás el propio ser humano, tras no dejar sus caminos violentos, pudiese derramar sangre al vivir en la Luna. Ambas teorías podrían ser las causantes de que la Luna se convierta en sangre. Aunque Dios también tendrá algunas cosas ocultas, que bien podrían ser reveladas en el momento preciso y exacto.

La Luna además se vestirá de silicio, lo que quiere decir que la Luna se enlutará. De esa manera puede medir lo que acontecerá, en el momento que el mundo ya esté viviendo los juicios directos por parte de Dios. Si ahora la gente se maravilla por lo que ve en la Luna, con toda seguridad tendrán que saber, que esta es parte de la ya mencionada profecía bíblica. Por tal razón, usted debería de tener en cuenta, que todos estos fenómenos fueron profetizados, y el único libro que profetizó lo que vendría al mundo es la Biblia, pero Cristo Jesús, fue quien advirtió de todo esto y en efecto, lo que Cristo profetizó en su momento, ya es cosa del pasado para estos días.

Sin embargo, el mundo sigue sin percatarse de lo que está sucediendo, y no reconocen que todo esto tendrá que terminar muy pronto. Yo deseo que usted pueda clamar a Dios, y comprender que todos los fenómenos postreros que usted vea, y tengan relación con la Luna y el Sol, definitivamente son las señales claras, de que la venida de Cristo está más cerca que nunca. No se asombre de lo que está por venir, porque pronto nuestros ojos verán cosas mayores en la Luna y el sol.

Señales en las estrellas

Nuestro amado salvador Jesucristo, también nos advirtió sobre las señales inminentes en las estrellas, y en esta parte del libro, no solamente quiero hablarle sobre estas, sino que además, quiero advertirle de los falsos maestros que están enseñando herejías sobre este tema. Varias de las señales que hemos estado viendo, tienen que ver con que últimamente se escucha en el medio secular, sobre las famosas "lluvias de estrellas", y de alguna forma podríamos decir, que son parte fundamental de las señales de las que Cristo nos habló. Sin embargo, las estrellas también equivalen a los planetas que vemos desde tierra.

La Biblia hizo mención a los planetas, pero los generalizó como estrellas, ya que, si Cristo hubiera hablado en la antigüedad sobre "los planetas", yo creo que los apóstoles o sus seguidores, hubieran pensado que Él había perdido la razón. Pareciera como si Cristo hubiera utilizado una referencia rápida, generalizando todos los astros con la palabra "estrella".

Las estrellas que la Biblia menciona también incluyen a los cometas, ya que estos astros se pueden apreciar como objetos celestes desde tierra, y hasta estos días hemos estado viendo una serie de cometas, que están dándonos serias advertencias, de que la venida de Cristo se está aproximando muy aceleradamente. Un claro ejemplo fue el fenómeno del cometa Elenin, quien al alinearse junto con la Tierra estaba causando terremotos en ella.

Este tipo de acontecimientos de acuerdo con la Biblia son cosas sobrenaturales, pero el mundo junto con la ciencia los ven como algo "natural". Al final la Biblia es clara al decirnos, que estos hechos son para quienes estén apercibidos, es decir, para todos aquellos que estén al tanto de la venida de Cristo, y que anhelan verle cara a cara.

Las estrellas además son cuerpos celestes, y un cuerpo celeste es aquel que se puede no solamente apreciar desde un telescopio, sino que se puede ver a simple vista desde tierra.

Recuerdo que un día recibí una llamada, en la que me preguntaron si me había percatado de unos destellos de luz, que se estaban viendo en el cielo, y de hecho me interesó conocer la historia. Efectivamente, en el cielo se observó un destello de luz que lo iluminó fuertemente. La persona que me llamó en ese momento, llegó incluso a pensar, que había ocurrido el Arrebatamiento, pues fue algo majestuoso que se pudo apreciar. Si usted observa un poco más el cielo, verá que están ocurriendo cosas raras allá arriba. A esta persona, haber presenciado este fenómeno, le ayudó a someterse más a Dios, pues mediante ese acontecimiento Dios le habló al corazón para que se preparase mejor. Y esto es lo que debemos tener en mente, todas estas cosas que estamos viendo en nuestra actualidad, no son espectáculos para deleitarnos y seguir viviendo nuestros días lejos de la presencia de Dios, más bien debemos mantenernos en alerta esperando en santidad la venida de Cristo por su pueblo.

Los meteoritos pareciera que cada día se están acercando más a nuestro planeta, hemos visto decenas de medios advertir acerca de que los meteoritos —identificados en la Biblia como "estrellas o cuerpos celestes que caen del cielo"—, cada día se están acercando más a nosotros.

Un caso y ejemplo que le dio la vuelta al mundo hace ya varios años, ocurrió en Rusia, fue en un día común y corriente, cuando un meteoro irrumpió la paz en una región de Cheliabinsk Rusia, el meteoro pasó emitiendo un sonido tan estruendoso, que provocó que varios vidrios de las casas se rompieran, dejando a varias personas heridas. Esto puede analizarse como una antesala a los juicios de Dios sobre el mundo.

Si un pequeño meteoro pudo causar estragos en una ciudad, imagine el que la Biblia menciona en Apocalipsis 8:10-11: *"una estrella gigante caerá del cielo"*. Deduzco por la evidencia observable que se trata de un meteoro, ya que caerá como una gran antorcha, y se verá como antorcha en cuanto haga contacto con nuestra atmósfera. Esta estrella se llama **"Ajenjo"**, y hará su aparición tras la partida de la iglesia de Cristo, así que por ahora no debe de preocuparse por esta estrella, debe de preocuparse por mantener su vida a la espera del momento glorioso, cuando Cristo haga sonar la trompeta, y nos venga a librar de estos acontecimientos futuros.

La Biblia nos dice que *"las potencias de los cielos serán conmovidas"*. No debe extrañarle que los medios de comunicación, anuncien que varios meteoros podrían impactar contra la Tierra. De hecho, la NASA ha creado una nave espacial con brazos robóticos, que es capaz de desviar el curso de un meteorito, esto puede hacernos pensar, que la ciencia sabe acerca de algunas situaciones que vienen en camino para la tierra, y es muy probable que no quieran sacarlo a la luz pública. Pero de ser así, solo la mano poderosa de Dios nos puede librar.

El bramido del mar

El verso bíblico en *Lucas 21:25*, no solamente nos habla de las señales en el Sol, en la Luna y en las estrellas, además nos advierte de que el mar estará dando señales claras de la venida de Cristo; y si analizamos detenidamente la palabra **"Bramido"** nos daremos cuenta de que esta palabra, de acuerdo con el diccionario de la RAE en su cuarta definición, advierte que *"bramido"* es *"aquello que se produce por un ruido grande"*. Pero este ruido es provocado por algún tipo de agitación mediante el viento o el mar.

A mi criterio, el bramido del mar que la Biblia describe, se refiere a huracanes y tsunamis, que estamos viviendo en la actualidad, y los noticieros nos han estado informando, sobre la creación de poderosos huracanes en nuestros mares. Estos huracanes, tras su paso, causan un sonido aterrador. Si usted ha podido escucharlo en algún video, en algún noticiero o lo ha experimentado en persona, sabrá que es estruendoso. El bramido del mar, en conjunto con algunos huracanes, han azotado ciudades enteras e islas, sobre todo en el caribe. Si ponemos atención a esta profecía, el azote de un huracán casi siempre sale de nuestros mares.

Ahora bien, si usted se ha preguntado: «¿Por qué razón se da esto? ¿Tiene Dios la culpa en realidad?». Cuando ocurre un poderoso huracán que viene a cumplir esta parte de la profecía bíblica, muchas personas se asustan y no es para menos, ya que a nadie en su sano juicio, le gustaría estar en la trayectoria de un huracán, de hecho, la Biblia nos menciona en *Lucas 21:25* que *"habrá angustia en las gentes y mucha confusión"*, esto se dará por causa del bramido del mar y de las olas.

Hemos de saber, que muchas de estas situaciones que el mundo atraviesa, en realidad son el producto de la maldad del ser humano, es decir, el pecado de la humanidad es el responsable de causar el desequilibrio en el mundo; la misma desobediencia hacia Dios, hace que el hombre sufra muchas veces las consecuencias de los embates de la naturaleza.

Los vientos arrolladores de los huracanes, están categorizados del 1 al 5, cuanto más aumenta el número, más poderoso es el huracán. Sin embargo, los huracanes más recientes que hemos visto, se han considerado superiores a las categorías 1, 2 y 3. Es poco usual ver huracanes con categorías 1 o 2 tocar tierra, pero durante los últimos años, hemos estado viendo huracanes de categorías 4 y 5. Cada vez aparecen huracanes más violentos y devastadores, y esto realmente es alarmante, ya que alcanzan una velocidad de más de 250 km/h. Lo que quiero decir, querido lector, es que mientras más nos acercamos a la venida de Cristo por su iglesia, la furia que el embravecido mar desate sobre la humanidad, será cada vez más devastadora.

Mientras este evento se acerca, cuando usted vea un próximo huracán que procede desde el interior del mar, recuerde que esta profecía bíblica está accionando de una forma más directa sobre la humanidad, y nunca culpe a Dios, tenga en cuenta que esto es producto de la desobediencia del hombre hacia Dios.

Si usted vive en alguna zona de alto riesgo, donde estos huracanes son más frecuentes, le sugiero que pueda protegerse junto con su familia, y tomar medidas inmediatas hacia zonas más seguras. De acuerdo con mi información, los glaciares se están derritiendo, lo que causa que el mar sea más tibio y esto es combustible para los huracanes. Esto significa que veremos más huracanes que nunca.

Durante este tiempo, no es de extrañarnos que estos huracanes serán cada día más poderosos y devastadores, las razones por las que creo esto, son sencillas; la maldad del hombre ya es imposible detenerla, esto ya no tendrá remedio querido lector, por más que usted escuche, que el pueblo de Dios clamamos por el mundo, en el tiempo profético de Dios, el mundo obtuvo más de 2000 años para arrepentirse, y hasta este momento, lo que menos vemos, es una humanidad arrepentida y humillada bajo la poderosa mano de Dios, por esa razón quienes conocemos de profecías bíblicas, sabemos que el mundo irá empeorando, y le ruego me disculpe, si estoy sonando pesimista.

Podría decirle que tiempo atrás, tuve la fortuna de adquirir todo lo que mi corazón anheló en este mundo, pero al final me he dado cuenta, de que lo que realmente deseo es estar juntamente con usted allá arriba en los cielos, adorando y alabando la gloria de Dios, por los siglos de los siglos.

Los dolores de parto que la tierra está dando en este momento, culminarán con la gran tribulación, y ya no habrá marcha atrás. Nuestra esperanza, es que podamos ser rescatados de esa gran tribulación que viene al mundo.

NOAA's (National Climatic Data Center), ha contabilizado

decenas de huracanes con categoría 5, y si vamos a la Biblia, debemos entonces darnos cuenta, de que estos huracanes se estarán intensificando y serán más frecuentes cada año.

El mar y las olas

Hemos entonces analizado lo que ocurre con la palabra "bramido", pero mientras estudiaba la profecía bíblica, comencé a notar que en años pasados, estábamos siendo azotados por poderosos tsunamis en varias partes del mundo. Comenzando por aquel recordado año 2004, en el que ocurrió un terremoto que causó un devastador tsunami, que rodeó la costa de varios países ubicados en el océano Índico, siendo afectados Tailandia, Malasia, Indonesia, Sri Lanka, India. Este tsunami provocó una pérdida lamentable de 200.000 personas, aproximadamente y varios cuerpos nunca se lograron recuperar. Por ende los familiares nunca consiguieron sepultar a sus seres queridos.

Para mí fue una catástrofe muy triste y alarmante, lo que me llevó a pensar muy profundamente, sobre lo que ocurrió con ese desastre y a analizar, mediante las profecías bíblicas, qué es lo que había comenzado a ocurrir en el mundo.

Ese año aún recuerdo, que fue cuando sacudí mi cabeza viendo las noticias, y algunos videos por la red de Internet sobre aquel suceso; Y es entonces que hubo un gran despertar en mi vida, para ir directamente a la Biblia, y comenzar a analizar en profundidad, si esto era alguna señal por parte de Dios, o si se trataba simplemente de algo que había ocurrido por causas naturales.

Cuando comencé a analizar varios de los países que sufrieron este desastre, me di cuenta de que muchos de ellos estaban volcados completamente a la inmoralidad sexual, muchos de ellos tenían en poco a Dios, y en ese tiempo muchos de estos países, le habían dado completamente la espalda a Él. Lo que debemos analizar, es que desde el pasado cuando el hombre ha pecado, ha causado desequilibrio en la naturaleza, y esas zonas habían estado practicando la inmoralidad sexual, la idolatría, la hechicería, la brujería, la invocación a demonios y una serie de asesinatos donde la maldad se había apoderado de varias áreas, que fueron afectadas por ese terremoto dentro del océano, que provocó el tsunami, alcanzando el terremoto una magnitud de 9.1 en la escala de Richter.

Las **"olas"** que la profecía describe son éstas, puesto que vinieron a causar confusión en el mundo, muchos se preguntaban: «¿Por qué ocurrió esto?». Ignorando que las profecías bíblicas, han venido activando su cumplimiento por etapas.

Pero continuemos hablando de "las olas en el mar", que son los tsunamis, que pasan a convertirse en olas gigantes, al transcurrir los años comenzaron a ser más frecuentes y comenzaron a azotar más países, entre ellos Samoa Americana, Japón, Chile, California EE.UU., Baja California México, y esto se ha dado en algunos países del Caribe repetitivamente, es decir, las personas se están acostumbrando a vivir y a ver tsunamis, de una manera más continua. Pero tal como vimos con los huracanes, el bramido del mar, junto con las olas, están causando que el mundo sienta precisamente pánico y mucho terror, por las cosas que ahora mismo han estado aconteciendo.

Por otra parte, le recuerdo nuevamente, todo esto es el producto de darle la espalda a Dios, y la humanidad no mejora su condición para con Él. Así que, el resultado de todo esto es que la tierra está siendo desequilibrada por el pecado humano.

La palabra "tsunami", es una palabra proveniente de Japón, y al español significa *"grandes olas en el puerto"*, se les llama de esa manera, puesto que estas olas son provocadas por maremotos. Cuando estas enormes olas llegan a las costas causan estragos devastadores; Y precisamente estas son las "olas" que la biblia profetizó, que vendrían a desatarse de una manera más continua sobre varias zonas en todo el mundo, las olas causarían expectación y confusión en las gentes.

Recuerdo que los medios japoneses, ya advertían de un fenómeno que estaba pasando en sus costas, antes de que ocurriese aquel recordado tsunami del año 2011, muchos peces estaban saliendo a flote en las costas.

Los japoneses llaman a estos peces *"Oarfish"*, que significa "pez remo", pero desde la antigüedad los japoneses les llaman a estos peces *"el mensajero del dios del mar"*, que traducido para nosotros es **"el mensajero de Dios"**. Estos peces viven a varios pies de profundidad en el océano; y se estima una profundidad de entre 2000 a 3000 pies.

Cuando salieron a flote, los japoneses se atemorizaron, ya que, según la leyenda japonesa, cuando estos peces salen a flote, están anunciando una catástrofe en las costas, muchos de estos peces se quedaron atrapados en las redes de los pescadores, y efectivamente meses después de su masiva aparición, un terremoto de 9.1 en la escala Richter, provocó un devastador tsunami, que es otro de los tsunamis que ha marcado nuestra historia.

Además, ese terremoto provocó que una de las plantas

nucleares ubicadas en Fukushima, Japón, sufriera graves daños en su infraestructura, fue tanto el daño que comenzó a derramar químicos sobre el océano, y los medios noticiosos, luego de haber transcurrido ya varios años del suceso, ya no ofrecieron información sobre esta situación.

Pero lo más sorprendente, es que estos peces llamados "Oarfish", son peces largos y grandes, con bigotes y tienen una gran similitud a una serpiente marina, y llegan a medir unos 16 pies de largo. Lo más increíble, es que estos peces han estado haciendo su aparición en algunas costas de varios países, incluyendo las costas de California en EE.UU.

Aunque han sido vistos pocas veces, esto me lleva a pensar, que hay algo en el fondo del océano que los asusta, y los hace salir a flote, tal como ocurrió en Japón, estos peces por el temor del movimiento de la tierra, en el fondo del océano suben a la superficie del mar arriesgando sus vidas. Al subir a una superficie que no están acostumbrados en su hábitat natural, ya no regresan al fondo del océano, pierden el rumbo cuando se asustan, finalmente deciden morir en la superficie del mar, y es entonces cuando se dejan ver.

Esto además, puede ser tomado como "un mensaje de Dios", como su propio nombre indica. Mientras estos peces no hagan su aparición masiva en alguna costa, parecería que todo marcha con normalidad, sin embargo, hasta los peces en estos tiempos, están enviando un mensaje a la humanidad, y aun así, el mundo sigue más confiado en sus sistemas tecnológicos y de alta precisión, que en la propia naturaleza divina creada por Dios. Los peces también son mencionados en la Biblia, como una señal de que los tiempos proféticos nos han alcanzado, pero ese tema lo trataré más adelante.

El bramido del mar, junto con las olas, ya están dándonos señales más frecuentes, y no es de extrañarse que estos hechos vuelvan a ser noticia mundial muy pronto. Se puede decir, que ya son cumplimientos exactos y precisos, del libro más extraordinario que Dios nos ha dejado, con el único fin de prepararnos, y estar atentos y advertidos de lo que acontecería en el mundo.

Cuando estas cosas comiencen a suceder

En *Lucas 21:28* se nos advierte con claridad, que *"cuando todo esto comience a suceder"*, debemos mantener nuestra cabeza "erguida", es decir, mantener nuestra postura firme, con nuestra vista puesta en el autor y consumador de la vida eterna, como un soldado fiel que jamás traiciona a su patria. Por lo tanto, el versículo nos invita a permanecer erguidos, porque *"la redención está cerca"*.

La "redención", es aquella que nos liberará de este mundo lleno de maldad, y nos transportará al cielo mediante el Arrebatamiento de la iglesia de Cristo. La palabra *"redención"* viene de *"agorazo"*, que significa *"redimir"*. Aquellos de nosotros que hemos reconocido a Cristo como nuestro Salvador personal, abriéndole la puerta de nuestros corazones, ya hemos sido redimidos, apartados, limpiados y purificados mediante su sangre, que fue derramada en la cruz por amor a nosotros. De esa manera estamos ya preparados y, mediante su misericordia, si permanecemos en la fe, nosotros ya hemos calificado para partir de esta tierra hacia nuestra morada celestial.

¡No se quede fuera de este evento querido lector! Le invito a afirmarse cada día más en Cristo, y a ser parte de este maravilloso evento. Recordemos que estas cosas que le he comentado, en estas señales en el Sol, la Luna, las estrellas, el bramido del mar y las olas, ya han comenzado a suceder. Notemos que Cristo nunca dijo; *"llegaré cuando ocurran por varios años estas cosas"*. En palabras más claras, Cristo nos dio a entender lo siguiente: *"su redención estará más cerca que nunca, cuando estas cosas comiencen a ocurrir"*.

Si usted querido lector, desea obtener esa redención que viene para cada uno de nosotros, le invito a reflexionar su condición personal para con Dios.

Es importante reconocer, que el reino de los cielos no será para todo el mundo, ya que no todos estarán dispuestos a pagar el precio de dejar las cosas del mundo. Muchos no querrán dejar de robar a su prójimo, abandonar sus vicios, renunciar a la idolatría, la hechicería, a sus pasiones carnales, ni a sus deseos de maldad hacia los demás. Tampoco querrán abandonar sus posesiones materiales, lujos, excesos en el consumo de alcohol, o su estilo de vida liberal. Muchos no estarán dispuestos a santificarse para Dios, y tristemente, se quedarán atrás.

Sin embargo, esto no descarta que la misericordia de Dios pueda ser extendida, para alguna persona que se encuentre lejos de Él, y que, en última instancia, decida santificar su vida para Dios, y ese es el propósito principal. Si usted ya conoce a Dios, sería maravilloso que usted también pueda ser la luz, al hablarles de Cristo a sus vecinos, familiares o amigos. Y si aún no ha reconocido a Cristo, le invito nuevamente a que lo haga hoy mismo.

Si usted considera que está practicando algunas de las cosas que he mencionado, recuerde que Dios es fiel y justo para perdonarle hoy mismo. Si el Arrebatamiento ocurriera hoy mismo tras su arrepentimiento, usted ya sería parte de este evento.

En esta sección, hemos llegado al final de las señales descritas por el ser más extraordinario del mundo, Jesucristo, quien nos ha dejado instrucciones contundentes para comprender su retorno. Ahora vamos a analizar algunas de las cosas que los apóstoles de Cristo nos dijeron, que ocurrirían, quienes, inspirados en el poder del Espíritu Santo, hablaron palabras que hoy en día, están también en la mesa de las profecías actuales. Acompáñeme a descubrir de qué se trata en la siguiente sección.

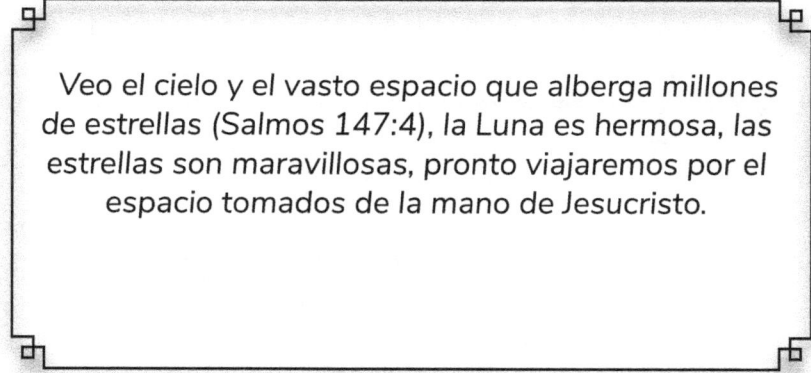

Veo el cielo y el vasto espacio que alberga millones de estrellas (Salmos 147:4), la Luna es hermosa, las estrellas son maravillosas, pronto viajaremos por el espacio tomados de la mano de Jesucristo.

SEÑALES ADVERTIDAS POR LOS APÓSTOLES DE JESÚS (YESHUA)

Una de las cosas que tenemos que tener en cuenta, cuando estudiamos las señales antes de la venida de Cristo, es que podemos estudiar con detalle cada verso bíblico, sin dificultad alguna. Sin embargo, es importante recordar que algunos de estos versos, tienen relación con pasajes del Antiguo Testamento. Aunque, dado que este no es un estudio destinado a alumnos de alguna escuela bíblica, me he tomado la libertad de omitir algunos de esos versos bíblicos del Antiguo Testamento, para hacer las señales más comprensibles, para cada lector de este libro que pueda no tener conocimientos previos de profecías.

No obstante, tenga la garantía de que cuando lea la Biblia, verá más en profundidad la realidad de estas señales, y si busca más referencias bíblicas, las encontrará sin dificultad alguna.

Señales tras la partida de Cristo

Tras la partida de Jesús, luego de haber dejado una serie de advertencias, en su discurso en el *monte de los Olivos* que recientemente acabamos de analizar, los discípulos comenzaron a predicar sobre el Cristo vivo, aquel Jesús que había resucitado y había partido de la tierra, para enviar a su consolador conocido como el Espíritu Santo, de esa manera el Consolador del mundo, es quien inspiraría a los apóstoles a quienes identificamos en el Nuevo Testamento. Y fueron los apóstoles quienes, inspirados por el Espíritu Santo, escribieron una serie de detalles sobre las señales, que nos indicarían que los tiempos del fin estarían más cerca que nunca. Estas señales se harían visibles, tal como Cristo describió, justamente antes de su Segunda Venida por su pueblo en la actualidad.

Por ejemplo, voy a compartirle una serie de advertencias que Dios nos dejó mediante sus apóstoles, especialmente al apóstol Pablo, quien anhelaba la venida de Cristo con todo su corazón. Los apóstoles fueron inspirados por el poder del Espíritu Santo, para compartirles a los diversos hermanos de la época varias señales proféticas.

Pero como hemos venido analizando, una generación es la que debía de ser testigo clave, de todos estos acontecimientos bíblicos, y tal como hemos visto, creo firmemente que a nosotros nos ha tocado vivir esos días proféticos, que ya nos han alcanzado. Además, se avecinan más eventos, y es posible que usted sea testigo clave, de los acontecimientos mundiales en los próximos meses y años, según el tiempo que el Señor decida mantener a su iglesia aquí en este mundo.

Así que vamos a conocer las próximas señales bíblicas, pero

antes he de compartirle algunos puntos muy relevantes que le ayudarán a ubicar mucho mejor las siguientes profecías bíblicas.

Análisis breve de La Gran Tribulación o Tribulación

He mencionado en varias ocasiones acerca de tres eventos, el primero son los **"Principios de Dolores"**, que son todas las señales previas al Arrebatamiento de la iglesia de Cristo en las nubes. Luego está **el Arrebatamiento**, que es el segundo evento. Este evento es para ser librados de los juicios directos por parte de Dios sobre la tierra, para evitar pasar 'la Gran Tribulación o Tribulación', que será una época "espantosa" como lo describió el profeta *Joel 2:31*. Este último sería el tercer evento que le he venido mencionando.

La **Gran Tribulación**, será el evento más terrible, que la humanidad jamás haya vivido y vivirá en la historia del mundo. Entonces he de decirle que las palabras "Gran Tribulación", se prestan para desarrollar un tema más profundo, con todos los detalles de lo que sucederá en el mundo, tras la partida de la iglesia de Cristo. Sin embargo, en este momento me será imposible desarrollar este punto, pero le haré una mención rápida y precisa sobre "la Gran Tribulación", que es un suceso que debo aclararle, para analizar de una mejor manera el resto de las señales bíblicas, y que, a continuación, seguiremos analizando en este maravilloso libro inspirado en la Biblia, y sobre todo por el poder del Espíritu de Dios, a quien doy la toda la gloria.

La Gran Tribulación es conocida en la Biblia, además, cómo "la angustia de Jacob *(Jeremías 30:7)*", y los estudiosos bíblicos han dividido este evento en dos etapas llamadas "tribulación y gran tribulación". No obstante, bíblicamente, una vez que la iglesia parte de esta Tierra, el mundo inicia ya el tiempo de la Gran Tribulación, ya que en ese momento, Cristo mismo comienza a abrir una serie de sellos descritos en Apocalipsis capítulo 6, que no serán nada agradables.

La Tierra comienza su tribulación con estos Sellos, culminando con las Copas de la ira de Dios, descritas en Apocalipsis capítulo 16, hasta que finalmente Cristo desciende en su Segunda Venida a tierra. Personalmente, no comparto la idea teológica, de que se separe este evento como "tribulación y gran tribulación", porque esto da margen a que otros intérpretes, les den una mala aplicación a estas separaciones, y por esa razón es mucho mejor conocerla como "Semana 70 o Gran Tribulación", que es un periodo de 7 años constantes de juicios divinos para el mundo.

Por lo tanto, la tribulación que viene al mundo, será constante y contundente de acuerdo con la Biblia, y por esa razón es que algunos personajes bíblicos, entre ellos el profeta Joel, hablaron sobre las señales en la Luna. "Antes que venga el día grande y espantoso del Señor (Joel 2:31)", esto quiere decir que antes que venga ese periodo conocido como "la Gran Tribulación", habrá advertencias previas.

AQUEL DÍA - EL DÍA GRANDE DEL SEÑOR – LA IRA DEL CORDERO

Además, encontramos que este evento llamado la Gran Tribulación, es mencionado de diversas maneras en la Biblia. Por ejemplo, las expresiones "aquel día" o "el día grande del Señor, la ira de Dios", se refieren en muchas ocasiones al periodo de la Gran Tribulación. Por esa razón, la Biblia nos advierte que antes de que esos días lleguen, el Señor levantará a su amada iglesia para librarnos de estos días angustiosos.

En Isaías 5:30 podemos encontrar una declaración sobre "aquel día", refiriéndose al enojo de Dios contra la humanidad perversa, quienes, al ser desobedientes a la voz de Dios, Él corrige, culminando en una tribulación o días angustiosos para la tierra. Pero debo aclarar que en la Biblia, se encuentran varios versos que hacen esta distinción con estas palabras, aunque no todos los versos que hablan de "aquel día" se refieren a la Gran Tribulación.

Pero en el caso de Lucas 17:31 ya se está hablando de la Gran Tribulación. En Lucas 10:12, Jesucristo también les dice a sus apóstoles, que las ciudades que no reciban el mensaje de esperanza, que es el evangelio puro y santo de Jesucristo, tendrán que enfrentarse al castigo de "aquel día", siendo este "día" más severo que el castigo que vivió Sodoma y Gomorra. Notemos que en el verso Cristo habla de ese temido periodo, donde los juicios de Dios caerán sobre la tierra, algo que ya vivió en el pasado Sodoma y Gomorra, pero esta vez será para ajusticiar a quienes despreciaron, ese hermoso sacrificio que Cristo hizo al morir por la humanidad en la cruz del Calvario, y Cristo indudablemente se refirió a "aquel día", llamado "la Gran Tribulación".

De esa manera, vemos con claridad que estas palabras son muy importantes, para conocer y saber diferenciar cuándo la Biblia está refiriéndose al castigo que vendrá a la tierra, el cual será una "Gran Tribulación". Además, este periodo conocido como "aquel día", o también "el día grande y espantoso del Señor", en la Biblia también se le conoce como **"la hora de la**

prueba" que sufrirá el mundo, según Apocalipsis 3:10.

Este verso nos hace ver con mucha claridad, a los fieles creyentes que amamos la Venida de Cristo, que tendremos la garantía que seremos librados y guardados de esta prueba, pero para ser más claros, nosotros seremos arrebatados para salir de estos juicios venideros, que vendrán sobre la generación que no atendió al llamado.

Entonces, según la Biblia, nosotros debemos esperar en santidad la venida de Cristo por su pueblo, y la venida por su iglesia, será antes de que se desaten estos juicios que Cristo mismo abrirá mediante los Sellos, sobre la generación que rechazó su hermoso sacrificio.

En "la Gran Tribulación", algunos de los Sellos que serán abiertos, traerán consigo al "Anticristo", que forma parte de "los cuatro jinetes del apocalipsis", por mencionarle algunos ejemplos de lo que se viene al mundo. Es por este motivo que la Biblia nos insiste en al menos 18 versos de la Biblia, que es una cantidad muy extensa de versos bíblicos, que estemos velando en rectitud, sirviendo a Cristo, para de esa manera estar atentos cuando llegue el sonido de la trompeta, o la voz de mando de Dios, que levantará a su amada iglesia.

Para evitar perdernos en la profecía bíblica, a continuación, voy a hacerle un pequeño recordatorio, para obtener una mejor visión de lo que se viene o ya está ocurriendo en el mundo, y tocaré cuatro puntos. Considero de vital importancia ubicarlos en la profecía bíblica.

Aquí le ofrezco un listado, para identificar las palabras que la Biblia utiliza para referirse a este "día terrible y espantoso", que vendrá al mundo, que consiste en siete años de eventos. Se le conoce como:

1. La Gran Tribulación o Tribulación (Mateo 24:29)
2. El día del Señor (1 Tesalonicenses 5:2)
3. Aquel día (1 Tes. 5:4)
4. El día grande y espantoso (Joel 2:31)
5. Destrucción repentina (1 Tes. 5:3)
6. Tiempo de angustia (Jeremías 30:7)
7. La ira de Dios Padre (Apocalipsis 16)
8. La hora de la prueba (Apocalipsis 3:10)
9. La Semana 70 (Daniel 9:24)

Principios de Dolores

1). Los Principios de Dolores que la Biblia describe en Mateo 24:8, son los sufrimientos actuales que nuestro mundo ya está padeciendo, y equivalen a todas aquellas señales que hemos venido analizando en este libro. Estas cosas se irán agravando como una mujer encinta, hasta dar a luz la Gran Tribulación. Los Principios de Dolores, son todas las señales que Cristo le dejó a su pueblo, que es su amada iglesia. Notemos que estas señales no son para el mundo que no reconoce a Cristo como su salvador personal, pues ellos no las van a comprender, seguirán sus vidas viviendo en sus deseos carnales, igual que ocurrió con el diluvio, estarán sin percatarse de que, durante los sucesos actuales, se vendrá el Arrebatamiento de la iglesia de Cristo. Y de esa manera, muchos, al ver estas situaciones, solo entrarán en confusión, tal como lo vimos en la señal número 14, donde el mundo verá estos hechos "normales".

Los eventos que verán en la actualidad son: terremotos, pestes, hambres, odio, políticos cometiendo injusticias contra sus propios pueblos, enfermedades, tsunamis, incendios, huracanes, guerras, maldades, perversiones y desenfreno sexual, brujerías, maldad de los padres hacia los hijos e hijos contra sus padres, etc. Todo esto traerá confusión y muchos dirán: «¿Qué estará pasando en el mundo?». Pero esto será y es la antesala a la Gran Tribulación. Sin embargo, para quienes confiamos en Cristo, hay una esperanza de ser librados de lo que se viene al mundo, conforme al tiempo estipulado ya en el reloj de Dios.

El Arrebatamiento

1). De acuerdo con 1 Corintios 15:51-52, nosotros debemos estar atentos al llamado del Señor, para ser transformados "en un abrir y cerrar de ojos", puesto que todos los eventos llamados "Principios de Dolores", nos están advirtiendo que el mundo, se está preparando para ingresar a la Gran Tribulación. El Padre dará la orden, para librar a su amada iglesia de los juicios que se vienen delineados en varios capítulos del *libro de Apocalipsis*, pero todo dará inicio en Apocalipsis 6.

2). El tema del Arrebatamiento, lo hemos analizado con mucha claridad y profundidad anteriormente en este libro, y hemos visto las consecuencias de no pertenecer a Cristo, llegados a tal punto. Por tal razón, querido lector, debemos estar alerta, pero cuando digo alerta, me refiero a que es importante prepararnos alejándonos del pecado, y procurar apegarnos lo mejor posible a las escrituras bíblicas, para lograr la santidad y ser parte de este magno evento que ya se aproxima.

La Gran Tribulación

3) Este evento ya será después de que la iglesia de Cristo

sea guardada y llevada a casa, mediante el Arrebatamiento. Y Cristo en Mateo 24:21, nos declara que será un periodo que *"nunca ha sufrido la tierra, y que nunca más se volverá a repetir"*, es decir, será tan aterrador este periodo que constará de un evento único. Por eso usted notará que cuando yo me refiero a *"la Gran Tribulación"*, lo hago con letras mayúsculas al principio, declarándole que este evento es tan cruel y devastador, que será algo único y terrible, porque Dios derramará su ira sobre el mundo. Y he aquí la importancia de estar velando, y esperando ser librados de estos juicios venideros. Dios es tan misericordioso, que ahora nos está ofreciendo la puerta de salida mediante Cristo Jesús, para ser guardados con tiempo, de este terrible periodo que la tierra librará, durante siete años continuos; y no será nada alentador quedarse para vivir los justos juicios de Dios. Por tal razón, le invito querido lector a no quedarse, y se lo digo con todo mi amor y corazón.

La Segunda Venida de Cristo

4). No debemos confundir el Arrebatamiento, con la Segunda Venida de Cristo a tierra. La Biblia declara, que al finalizar los siete años de "Gran Tribulación" para el mundo, Cristo vendrá a poner orden sobre una tierra que se había volcado a la inmoralidad total, y sobre todo al desenfreno, y a la adoración de un ser malévolo llamado Anticristo, quien hará su aparición tras abrirse el *primer Sello* descrito en *Apocalipsis 6:2*, siendo el Anticristo el jinete del caballo blanco descrito en el verso mencionado. Pero para ese entonces, finalizando estos años de "Gran Tribulación", será cuando la Segunda Venida de Cristo a la tierra estará cercana.

Las personas que se queden durante este periodo —algo que no le deseo a nadie—, han de saber que el Anticristo ya habrá obligado a toda la humanidad a implantarse la famosa marca de la bestia, con numerología 666, según Apocalipsis 13:16-17. Esto podría ser mediante algún sistema tecnológico o digital, implantado bajo la piel, en la frente, parecido a un chip, o mediante un sello virtual, similar al que utilizan para marcar al ganado vacuno, o posiblemente mediante algún tipo de tatuaje electrónico invisible. También podría ser mediante algún sistema holográfico, introducido en la mano derecha o en la frente, o un chip implantado en el cerebro. No lo sabemos a ciencia cierta. Lo que sí está claro, es que será totalmente obligatorio, para poder comprar o vender, y portará todos los datos y ubicación precisa de quienes adopten la marca de la bestia o su nombre.

En ese tiempo, Israel será atacado por este ser malévolo llamado el Anticristo, pues Israel al ser el pueblo de Dios, no será parte del Arrebatamiento de la iglesia, ya que ellos no creen en Cristo Jesús como su Mesías Salvador. Sin embargo, siguen adorando al Dios bíblico, y por tal razón, el Anticristo hará una guerra en contra de ellos, y en contra de todos aquellos que se opongan a su gobierno. Vea una referencia rápida de lo que acontecerá en Apocalipsis 13:5-8, y de esa manera es que habrá un caos que el mundo vivirá, será una guerra global en contra de Israel, y los opositores al gobierno mundial del Anticristo. Para ese entonces, la Segunda Venida de Cristo a tierra, será anunciada mediante otra serie de señales, pero estará claro el tiempo exacto de su llegada a tierra, y el pueblo de Israel lo sabrá.

Esto sucederá cuando Israel sea rodeada por las naciones lideradas por el Anticristo. En la Segunda Venida de Cristo, uno de los objetivos será que Cristo gobierne la tierra como el Rey de reyes y Señor de señores, y su gobierno, sobre todo, traerá libertad a los hijos de Israel. Pero además, Cristo mediante su poder aniquilará al falso Profeta junto al Anticristo, y a todos los que decidieron adorarle y aceptaron su marca. El relato de este extraordinario suceso lo encontramos en Apocalipsis, capítulo 19, versos 11 al 21. Pero, además, en ese momento Cristo Jesús Yeshua, descenderá del cielo y habrá gran llanto en la casa de Israel, tras reconocer que el Mesías Salvador que Israel ve bajar desde el cielo, en ese momento es el mismo que fue crucificado en la cruz del Calvario. Ahora Cristo pone sus pies sobre el *monte de los Olivos*, partiéndose por la mitad por un potente terremoto, como lo relata Zacarías 14:3-4, e Israel reconocerá que su libertador ha llegado, y llorarán por Jesús Yeshua, como se llora por un hijo que ha muerto. Compruebe la profecía futura en Zacarías 12:10-14.

Debo de aclararle, que esta es una de las bases más importantes, de por qué la iglesia de Cristo no debe esperar la Segunda Venida de Él a la Tierra, porque para ese tiempo, nuestro amado Salvador Jesucristo estará muy ocupado limpiando, sanando y preparando la tierra para su gobierno milenial, y sobre todo liberando al pueblo de Israel, quien hasta ese entonces dejará de sufrir guerras y persecución. Esto fue la consecuencia de no haber aceptado a Jesús Yeshua como su Salvador, y haber declarado en aquel tiempo de su crucifixión que "su sangre recayera sobre Israel, y sobre toda su descendencia", que son todas las generaciones sucesoras hasta hoy en día, según Mateo 27:25.

Esto causó que Israel no viviese en paz hasta estos días, dejando Dios su tiempo exacto, antes de la liberación futura, durante la Gran Tribulación. Pero nosotros, la iglesia de Cristo, que creemos en el unigénito Hijo de Dios, descenderemos con Jesús Yeshua en ese momento de la liberación de Israel y el mundo, para reinar juntamente con él en la Tierra, ya que será renovada mediante su poder y su gloria, al traer sanación a las naciones. ¡Bendito y glorificado sea el Santo de Israel!

Espero y este libro, querido lector, confirme más su fe en Cristo Jesús. Luego de este énfasis breve y conciso sobre estos puntos importantes, voy a continuar enumerando el resto de las profecías bíblicas, que nos indican que estamos llegando a los momentos culminantes para la iglesia de Cristo. Por tal razón no se desanime, vale la pena mantenernos en el camino del evangelio, para lograr vencer. Muchas veces yo veo que las personas no tienen temor a lo que se vendrá al mundo, creen que todo esto será ciencia ficción o invención humana.

Lo importante de todo, es que Dios nos ha dejado una serie de señales, que nosotros debemos mantener en mente, y estoy seguro de que cuando termine de leer este libro, usted querrá volverlo a leer, porque ocurrirán algunas cosas que he mencionado aquí, y esto confirmará que lo que Dios me ha dirigido a compartirle, puede también ser una alerta final para su vida querido lector, y Dios no quiere que usted se quede para vivir estos juicios futuros.

1 Tes. 5:1-11

SEÑAL AL ESCUCHAR "PAZ Y SEGURIDAD"

Hagamos una reflexión sobre las palabras "Paz y Seguridad". Es evidente que todos nosotros, deseamos que el mundo alcance esa anhelada paz mundial. No obstante, esta frase encierra algunos misterios bastante claros en la Biblia. De hecho, en la actualidad, el mundo clama por "paz", pero observemos que mientras más se busca la "paz mundial y la seguridad mundial", parece que más nos sumergimos en la violencia y en la miseria, y sobre todo, en la maldad.

Por ejemplo, se habla mucho sobre el desarme nuclear en el mundo, pero al mismo tiempo las naciones siguen adquiriendo armas cada vez más poderosas. Además, se plantea controlar la violencia que azota varios países del mundo, pero vemos que cada día hay más casos de asesinatos que nunca.

¿Qué está pasando realmente? Israel es el centro de atención en los medios de comunicación, hablando de un tratado de paz, que aparentemente traerá la reconciliación con sus enemigos. Sin embargo, cada día vemos que incluso en Israel, surge una nueva amenaza para la nación.

Varios presidentes de diferentes naciones, especialmente de Estados Unidos, Europa y Rusia, han expresado su intención de que el mundo, logre "la paz y la seguridad" mundial. Aunque me limitaré a ofrecer nombres, para evitar dejar registros exhaustivos, de todos los personajes que han proclamado estas palabras, mi enfoque principal con esta señal, es que usted mismo, querido lector, compruebe mediante las noticias más recientes y los discursos actuales de figuras destacadas, como ya se está hablando de "paz y seguridad mundial", tal como el apóstol Pablo mencionó en 1 Tesalonicenses 5:3. Espero que continúe con su Biblia en mano, para ir comprobando las señales junto conmigo.

En este verso bíblico, podemos notar que se mencionan con mucha claridad las palabras "cuando digan", en referencia a los líderes políticos de influencia mundial, declarando "paz y seguridad". Esto señala un tiempo de "destrucción repentina para el mundo". El apóstol describe esta destrucción, como "los dolores que sufre una mujer embarazada", y aquí el apóstol habla con claridad sobre la concepción de "la Gran Tribulación". Es decir, cuando se proclame **"paz y seguridad"**, comenzará la Gran Tribulación, puesto que los "Principios de Dolores" culminarán con el parto del "gran día del Señor", pero ya será demasiado tarde para escapar de estos juicios.

Pablo nos está dando una señal contundente con esta declaración, ya que en el verso de 1 Tes. 5:2 se nos declara, que "el día del Señor", caerá sobre la humanidad "como ladrón". Lo que en realidad el apóstol Pablo nos señala, es que los juicios de Dios, caerán de una manera sorpresiva sobre el mundo, justamente cuando escuchemos que se viene "la paz y la seguridad mundial", y ninguno de los que se quede, podrá escapar de "la Gran Tribulación" que sufrirá el mundo.

Más adelante, en 1 Tes. 5:4-5, se nos habla con claridad, de que todos aquellos que somos "luz de este mundo", no estaremos en "oscuridad", cuando se acerque "aquel día grande y espantoso del Señor", que está a punto de llegar. La palabra clave que nos indica Pablo, y que nos hace reconocer que el tiempo se acerca, es *"cuando digan paz y seguridad"*.

¿Quiénes dirán 'paz y seguridad'? Los presidentes de las naciones u hombres de influencia mundial. De esa manera, estaremos llegando a esos días culminantes para el mundo. Por lo menos, yo he escuchado esa frase de cinco presidentes importantes durante sus gobiernos, pero lo que ellos no saben, es que toda está "paz" y la falsa "seguridad", le está preparando el escenario profético al Anticristo, junto con una serie de juicios que la Tierra atravesará. Pero nosotros somos hijos de la luz y somos la luz para el mundo (Mateo 5:14), y por tal razón, no podemos quedarnos a presenciar, lo que los hijos de oscuridad sufrirán tras su desobediencia a la palabra de Dios.

¿Paz y seguridad en Israel?

Ahora bien, quiero comentarle que Israel está jugando un papel muy importante en la actualidad, con esta profecía bíblica, ya que las naciones han estado presionando al pueblo israelí, para que firmen un tratado de paz, que les permitiría vivir en "paz" con sus "vecinos". No obstante, esto será algo imposible, puesto que la mayoría de los actuales vecinos de Israel, los quieren fuera de esa tierra, tal como vimos en la señal número 11; Israel ha librado una infinidad de batallas con "sus vecinos", que al final más que ser vecinos han terminado siendo sus "enemigos", pero la Biblia nos declara en Isaías 24:5, que la tierra se "enfermaría", y sería porque falsearon el "pacto sempiterno". Es decir, la tierra o las naciones, desean despojar con engaños a Israel, de la tierra donde ellos se encuentran alojados en este momento, ya que el pueblo de Israel fue ubicado de vuelta entre 1947 y 1948, en el estado de Israel.

Antes de regresar a Israel, el pueblo judío había vagado por alrededor de 2000 años, pagando así su desobediencia hacia Dios, y de acuerdo con la historia bíblica, Israel es una tierra que fue dada a los israelitas por un pacto "eterno". Como vimos anteriormente en Isaías 43:5, el pueblo de Israel sería devuelto a sus tierras desde "los confines de la tierra", que son todos los continentes del mundo. Y como el pacto que Dios hizo, con Israel sobre esa tierra desde la antigüedad es "eterno" (Ezequiel 16:60, Salmos 105:10), quien se atreva a falsear este pacto, en la actualidad o en el pasado, argumentando "paz y seguridad" para Israel, enfrentará "un desastre global", ya que ese pacto que hizo Dios, es completamente inquebrantable. Nosotros como generación estamos siendo testigos del cumplimiento de esta profecía bíblica, y nuestros ojos presenciarán acontecimientos aún más significativos, durante los próximos meses o años que nos queden por vivir.

El retorno del pueblo judío a esas tierras en la actualidad, fue otorgado por Dios; Y no hace mucho que durante la II Guerra Mundial, Dios de alguna manera inspiró a las naciones del mundo, a reconsiderar repatriar a los judíos para hacer cumplir su Palabra con exactitud. De esa manera, ubicaron al pueblo judío en la tierra de Israel, donde han pertenecido desde la antigüedad. Pero, lamentablemente, la tierra fue dividida por las naciones cuando fue entregada a Israel, y esa es una de las causas, por las que ese pacto, en cierta manera, fue quebrantado y el mundo vive sin paz en esas áreas, trayendo un desequilibrio mundial.

Querido lector, lo que quiero dejarle claro es, que nada ni nadie puede quebrantar ese pacto llamado "sempiterno". Es como querer "engañar a la misma gloria de Dios", y esta señal indiscutiblemente, nos lleva a pensar que Cristo está pronto a levantar a su iglesia. De hecho, le invito a estar pendiente de lo que ocurra en Israel, aunque se encontrará con una gran cantidad de grupos diciéndole: "que Israel no es el Israel de la Biblia", pero quien piensa de esa manera, claramente ignora los planes de Dios con su pueblo Israel, e incluso, tienen un total desconocimiento de la profecía bíblica descrita en la Palabra de Dios.

En este momento, tanto el pasado, el presente y el futuro de Israel son muy importantes, y lo veremos más adelante en otra señal clara. Por ahora, es significativo destacar, lo que el apóstol Pablo señaló y nos advirtió, para la generación correcta. Esta advertencia nos dice que cuando escuchemos **"paz y seguridad"**, el mundo experimentará una destrucción repentina, y no logrará escapar de la mano poderosa de Dios. Todo esto está sucediendo en secuencia, y mientras "los dolores de parto" se agravan, "el día del Señor" caerá sobre el mundo repentinamente. Pero aquellos de nosotros que estemos en luz, sabemos que no estamos en la oscuridad, para no comprender que "ese día" está cerca, y Dios, con su poderosa mano, nos librará.

Pablo le advierte al cuerpo de Cristo que vele

El apóstol Pablo, tras ofrecer la noticia a sus hermanos de la época, sobre lo que se viene al mundo, les advierte que deben de estar velando, recordemos que Pablo esperaba ser parte de la venida de Cristo, puesto que tenía en claro, que el Arrebatamiento podía ocurrir en "cualquier momento" que Dios lo dispusiera.

Por esa razón, es que nadie debe de juzgar a quien tiene esta esperanza de ser parte del Arrebatamiento, ya que el amar y esperar a Cristo no es ningún agravio o delito para ninguna persona. Pero sí debemos estar al tanto, de cómo estas palabras se han venido cumpliendo de una manera inequívoca para nuestros días. Aun así, sobre todas las cosas, es necesario que estemos velando en oración y ayuno, porque al caer la noche, cuando las personas menos lo esperen, se dará la noticia global de que millones de personas han desaparecido de la faz de la tierra. Será **"como un ladrón a la media noche"**.

El ladrón no avisará, pero quien está velando y orando, no será sorprendido por este maravilloso evento. Por esto, querido lector, le invito no solamente a estar pendiente de lo que ocurre en el mundo, sino que además le invito a santificar su vida, para que también tenga esa esperanza de estar alerta, y esperando en la promesa de Cristo, quien vendrá a buscarle si usted le anhela con todo su corazón. No sea solamente espectador, sea además partícipe del reino de los cielos. Este es mi mayor gozo y deseo para su vida.

Luego de analizar esta parte de la profecía bíblica, ahora pasaremos a ver otra inminente señal, pero mantenga en su mente, que durante los próximos meses, días o años que Dios nos permita estar en la tierra, las palabras **"paz y seguridad"**, serán la clave que comenzará a escuchar de una manera más frecuente, en todos los medios de comunicación del mundo. Según la profecía, el Anticristo se atreverá a falsear el pacto con Israel, y será en conjunto con varias naciones. Aunque, para entonces, la iglesia habremos salido de esta destrucción repentina.

El mundo no tendrá paz, el único que puede traer paz verdadera a nuestro corazón en la actualidad, y a las naciones en su Segunda Venida, es y será Cristo Jesús Yeshua.

 1 Timoteo 4:1-2

LA GRAN APOSTASÍA FINAL

Esta señal realmente me da mucho pesar, sobre lo que sucede en la actualidad. Con respecto a esto, vamos a analizar la palabra "apostasía", ya que esta palabra encierra una serie de eventos, que están ocurriendo dentro y fuera de la iglesia de Cristo. Este hecho es muy lamentable, pero me es necesario alertarle y advertirle sobre esta señal, que es muy clara en la actualidad.

De hecho, es un tema que está afectando espiritualmente, a millares de creyentes alrededor del mundo, y por tal razón le pido, que analice la siguiente señal, con mucha precaución y discernimiento.

Los dos tipos de Apostasía mundial

La palabra «Apostasía» significa *"Apostatar de la fe o rebelarse o rebelión"*, y esta palabra bíblicamente es "darle la espalda a Dios". De esa manera, la apostasía es aplicable a todas aquellas personas que dicen "conocer a Dios", pero desobedecen y pasan por alto sus estatutos bíblicos, para luego volcarse a la idolatría, abandonando la Palabra pura y santa de Dios. Cometiendo estos actos, ellos han demostrado un desvío rotundo de la verdad bíblica, e incluso han preferido seguir los estatutos de hombres, antes que las mismas instrucciones dadas mediante la dirección del Espíritu Santo en la Palabra de Dios.

Esto significa que muchas personas tienen en su mente "que aman a Dios", pero será a su manera y creerán estar en la verdad bíblica, pero sus frutos están completamente errados respecto a la verdad de la Palabra de Dios. La gran apostasía, viene a ser el desvío total, de las instrucciones bíblicas ofrecidas por Cristo y sus apóstoles. Lamentablemente, miles de personas caerán en esta gran apostasía, y lo peor del caso, es que muchas personas creerán que "están en la verdad bíblica", y arriesgarán sus propias vidas al "profesar a Dios", pero sus frutos les pueden terminar condenando. En Timoteo se menciona que *"apartarán el oído de la verdad"*, quiero aclarar que esto no lo afirmo yo, sino la misma Palabra de Dios en *2 Timoteo 4:3-4*.

El verso bíblico de *1 Timoteo 4:1*, se menciona la primera apostasía, y más adelante le hablaré de la segunda apostasía. Pero mientras tanto, recuerde que Timoteo dijo, que el hombre **apostatará** en nuestros días, y se trata de la apostasía de la fe en Cristo, y se nos dan varias palabras importantes que son claves para nuestros días, ya que el verso nos menciona que *"en los postreros tiempos"*, es decir, "los días finales", muchos **"apostatarán de la fe"**. Esto es lo más grave, porque de acuerdo con esta señal, para los últimos tiempos algunos hombres y mujeres de Dios, que caminaron bajo la verdad bíblica, estarán negando la fe que Cristo mismo estableció en su Palabra, y muchos les seguirán.

Dentro de todas estas personas, que siguen a estos líderes apóstatas, habrá personas que caerán por ignorancia en estos lugares, pero la misericordia del Señor podría liberarles de las garras de la apostasía. Sin embargo, quienes ya tienen conocimiento de Dios, pero decidieron acariciar sus propias ideas, serán ajusticiados por el poder de Dios, y no podrán regresar a la verdad bíblica.

Esto incluye a una cantidad de "pastores y miembros", que caerán en las garras del enemigo. Y al analizar esta señal, he de aclararle, que no todos los pastores que actualmente están trabajando en la viña del Señor, mantienen una postura sana y bíblica, algunos estarán desviándose, de acuerdo con esta profecía, y engañarán a sus seguidores.

Por esa razón es muy importante que usted mantenga una base bíblica en su corazón, para no dejarse mover fácilmente de la manera de pensar, tal como nos advierte el apóstol Pablo en *2 Tesalonicenses 2:1-2*, donde le recalca a la iglesia que se mantenga firme, y sosteniendo las instrucciones bíblicas dadas por el Señor, tanto en mente como en espíritu.

Timoteo nos habla además de que habrá infiltraciones dentro del cuerpo de Cristo, al sentenciar que "muchos al apostatar de la fe", es decir, al dejar la verdad bíblica, se alimentarán de "espíritus engañadores", donde claramente vemos, que estos espíritus engañadores, vendrán a tomar posesión de las personas en los últimos tiempos. Muchos de ellos serán líderes con bastante influencia en el mundo, pero un espíritu de engaño, al negar la fe bíblica, tomará posesión de ellos y muchos fieles al evangelio de la cruz, también caerán en sus garras.

El verso de 1 de Timoteo 4:1 nos habla de los "espíritus engañadores". ¿A qué se refiere esto? Para que tengamos un mayor enfoque sobre esta profecía, debo decirle que no todos en la viña del Señor, creen que existan "espíritus" que divagan por el mundo. La propia Biblia nos enseña, que nosotros no tenemos luchas *"contra sangre ni carne, sino contra principados y potestades del reino de las tinieblas (Efesios 6:12)"*.

Espíritus engañadores

Definamos que son "espíritus", en esta profecía que ya se está cumpliendo en la actualidad. Indiscutiblemente, estos "espíritus engañadores" son las manifestaciones de aquellos hombres, quienes, dados a la soberbia, al orgullo y al enaltecimiento, comenzarán a pregonar un falso evangelio, que causará confusión y adormecimiento en millares de personas.

Por ejemplo, han existido varios hombres que en principio "predicaban de Cristo", y con el afán de ir obteniendo mayor reconocimiento en el mundo, comenzaron a predicar que "Cristo se había encarnado en ellos". Es así como muchos han sido cortados de la tierra; muchos de ellos les predicaron a sus seguidores que "el Anticristo se había encarnado en ellos". Aquí podemos ver cómo el espíritu de engaño, entró en el corazón de varios hombres, y más tarde comenzaron a predicar "doctrinas de demonios", que consisten en adoctrinar a una persona, para que haga todo lo contrario a la Palabra de Dios. Estas enseñanzas provienen de las maquinaciones y perversiones de los demonios, quienes son los emisarios del enemigo para engañar y sembrar confusión en la vida de las personas.

Estas manifestaciones, vienen muchas veces a distorsionar las vidas de las personas, y esto causa que abandonen la fe en Cristo, desviándose rotundamente del propósito y del plan de Dios para sus vidas. Por esa razón, querido lector, usted tiene que pedirle al Espíritu Santo que le dirija hacia toda verdad, puesto que solamente el Espíritu de Dios es quien nos lleva hacia la verdad de su Palabra.

En el verso que estamos analizando en esta señal, usted se dará cuenta de que *Timoteo* nos advierte y dice: "*el Espíritu afirma que algunos apostatarán de la fe*", pero lo describe con "E" mayúscula, afirmando que el Espíritu de Dios nos está advirtiendo, de estos espíritus engañadores que tratarán de desviarle de alguna manera de la verdad bíblica. ¿Con qué objetivo? Bien, para este tiempo, el objetivo del enemigo es engañar a todas las personas en masa, y arrastrar a todo ser humano que se lo permita, ya que sus días están contados. Y como el enemigo es especialista en desviar al hombre del plan de Dios, ahora lo hace con mayor astucia, infiltrando sus espíritus engañadores en los hombres que se han descuidado espiritualmente, y muchas veces le han dado cabida al enemigo.

Dentro de la apostasía actual podría definirle algunas prácticas que se han estado viendo en diversos lugares y que no le dan la gloria a Dios. Por ejemplo, veremos a grandes rasgos los siguientes temas:

1. El falso mover del Espíritu de Dios.
2. La risa sin parar.
3. Visiones antibíblicas.
4. Libros oscuros.
5. Doctrinas de demonios.
6. La "unidad de todas las religiones".
7. La apostasía y la gran rebelión humana.
8. Se volverán a las fábulas.
9. Falsos profetas.
10. Sectas.

Estos son algunos puntos que ya se están viendo aún dentro de algunos templos, que en su tiempo probablemente profesaron la verdad bíblica. Recordemos que esta profecía está dirigida a quienes "apostataron de la fe", no es para aquellas personas que comienzan a buscar de Dios. Pero si desea buscar a Dios verdaderamente, quiero advertirle de estas cosas, tal como lo hicieron Timoteo y Pablo, quienes querían que sus hermanos fuesen hombres y mujeres llenos del poder de Dios, pero además, que fuesen fieles al evangelio puro y santo de Cristo. Para ello quiero hacer algunas aclaraciones respecto a este tema comenzando por el punto 1.

1) El falso mover del Espíritu de Dios

Este tipo de imitación, es todo aquello que se asemeja a los frutos del Espíritu de Dios, pero si vemos el trasfondo, nos daremos cuenta de que el Espíritu Santo no es quien está operando, en realidad, en los líderes que han sido manipulados por espíritus engañadores. Sin embargo, me gustaría ofrecerle algunos ejemplos, para obtener una idea más clara del falso mover de espíritus engañadores.

Hace varios años, una persona me envió unos videos de una iglesia apóstata, que practicaba el soplo de "los leños encendidos". El "ritual" consistía en soplar algunos leños y encender el fuego de los leños, que se encontraban en brasas, mientras los presentes soplaban, alguien les dijo que "al soplar los leños, inhalando aire y expulsándolo rápidamente sobre los leños, hasta causar que los leños ardieran en llamas, 'el Espíritu Santo se movería' en sus vidas".

Realmente me quedé sorprendido por esto, ya que en algún momento de mi vida estudié trompeta, y existe un ejercicio que consiste en soplar aire con una manguera puesta en la boca, pero la otra punta de la manguera debe de estar metida en agua. Al soplar fuertemente, uno consigue tener mayor resistencia en los pulmones al tocar la trompeta, pero si se sopla repetitivamente, inmediatamente viene un mareo fuerte por la pérdida de aire. Entonces pude entender cómo esas personas, al sentirse mareadas, comenzaban a llorar "creyendo que el Espíritu Santo estaba ahí con ellos".

Esto es un ejemplo de lo que es "el falso mover del Espíritu Santo". Por esa razón, querido lector, usted debe tener sumo cuidado en estos últimos tiempos que estamos viviendo, para no dejarse engañar por los "espíritus engañadores". Pero para esto, es necesario que usted le pida al Espíritu Santo, que le dirija hacia su verdad, y que le muestre el camino correcto a seguir.

Si anda buscando un evangelio tibio, donde no le prediquen de la venida de Cristo o el Arrebatamiento, y donde no le hablen del pecado, o los pasos de cómo usted debe de santificarse o regenerarse para Dios, quiero comentarle, que tristemente, usted podría ser un candidato fuerte en caer en esta gran apostasía, ya que el evangelio debe de ser predicado tal cual es, aunque por supuesto, se debe predicar sobre el amor de Cristo para nuestras vidas, y para quienes necesitan de Dios actualmente.

El problema que yo veo en la actualidad, es que hay muchas almas divagando dentro de la apostasía, pero su currículum como miembros deja mucho que desear. Son miembros que no se sujetan a los pastores, que Dios ha puesto verdaderamente para que les pastoreen, y comienzan a acomodar la Palabra de Dios conforme a lo que ellos quieren escuchar. Millares de miembros van de iglesias en iglesias, buscando la palabra que "ellos quieren escuchar", hasta que finalmente terminan recibiendo un "falso evangelio", que les lleva muchas veces a los brazos de la apostasía y a su perdición.

Quiero aclarar que algunas personas deben de moverse de sus congregaciones, por situaciones que lo ameritan, así que no me refiero a este tipo de personas, me refiero a la falta de sosiego espiritual, de querer probar pastores tras pastores, hasta que finalmente terminan confundidos, y se acomodan en la apostasía.

Es triste y lamentable, pero son cosas que deben de suceder hoy mismo, para hacer cumplir la Palabra de Dios. Sin embargo, es necesario advertirle a quienes estén dentro de estos falsos movimientos, que Cristo viene pronto, para que, de alguna manera, si son de Dios, sus ojos puedan volver al camino de la verdad bíblica.

Además, he de aclararle que muchas personas están dentro de la apostasía, porque de alguna manera ahí comenzaron a escuchar de Dios, pero Dios ha estado sacando a estas personas, que son para su reino de estos lugares. Es decir, son personas que aceptaron a Cristo como su Salvador personal, pero ignoran lo que sucede ahí adentro, entonces muchas veces el Espíritu de Dios les abre los ojos espirituales, y son dirigidos a iglesias genuinas, donde reciben y comen pastos verdes que son la Palabra de Dios, no adulterada, ya que no todas las congregaciones son apóstatas, hay muchos siervos de Dios que aún guardan la fe y la convicción bíblica, y sobre todo predican del inminente Arrebatamiento de la iglesia.

2) La risa sin parar

En algún momento de mi vida, recuerdo que una persona me preguntó, si estaba bien que las personas se estuvieran riendo, durante todo un servicio "sintiendo la presencia del Espíritu de Dios". A lo largo de todos estos años, recuerdo con claridad, que las únicas risas sin control que he escuchado dentro de un servicio, fueron cuando una persona estaba posesionada por algún tipo de espíritu maligno. Por lo demás, nunca recuerdo haber visto o escuchado esta manifestación en un servicio hasta hoy en día, y que provenga del Espíritu de Dios.

Después de que me hicieran esta pregunta, comencé a indagar sobre este tema, y fue cuando finalmente encontré lo que se llamaba "risa o borrachera espiritual". Nunca había escuchado estos términos hasta aquel entonces, y es cuando comencé a ver, mediante algunos videos, que esto en realidad no era la obra del Espíritu Santo de Dios, y algunas congregaciones lo practicaban o practican.

La risa es normal cuando presenciamos algún acto cómico, o cuando saludamos a alguien, o cuando sonreímos por las bendiciones que Dios nos ha regalado al estar en su casa, o cuando alabamos a Dios, puede ser además cuando compartimos en familia y nos cuentan alguna anécdota que nos parece algo chistoso. Sin embargo, reír sin control durante casi todo un servicio, definitivamente, no es obra del Espíritu de Dios. A pesar de que algunos hombres aseguraban, que esta risa provenía de Dios, porque "estaban emborrachados del Espíritu de Dios".

Si vamos a la realidad de la Biblia, ella misma nos advierte de que **"no debemos embriagarnos con vino que tenga disolución"**, según Efesios 5:18. Es decir, el Espíritu Santo no puede estar emborrachando a una persona, hasta hacerla reír sin parar. De hecho, la Biblia menciona en varios versos la prohibición de embriagarse como hijos de Dios.

Por esa razón, vemos que la misma Palabra de Dios nos advierte, de que no debemos "embriagarnos", y la "disolución" que la Biblia nos menciona es la mezcla de alcohol con vino. La Palabra de Dios nos habla de que debemos ser "llenos del Espíritu", y la llenura del Espíritu Santo son los frutos de *paz*, de *gozo*, de *amor*, de *bondad*, de *mansedumbre*, pero nunca se menciona "espíritu de risa o borrachera". De esa manera, vemos que estos espíritus engañadores, les han hecho creer a muchas congregaciones, que lo que practican "son los frutos del Espíritu de Dios", pero hemos de darnos cuenta de que es una falsa manifestación de su gloria.

Debemos orar por aquellos que aun Dios les mostrará su amor y su bondad, para llevarlos al camino de paz y sobre todas las cosas, al camino de su Verdad. Por lo tanto, aquellas cosas que no están alineadas con la Biblia, son eventos que arrastran a los fieles o inconstantes, rumbo a la gran apostasía que ya estamos viviendo en la actualidad.

3) Visiones antibíblicas

Si bien, hay muchas visiones que Dios les ofrece a algunos miembros de diferentes congregaciones, y muchas de ellas son bíblicas, ya que de acuerdo a la Biblia en los últimos tiempos, los jóvenes tendrán visiones extraordinarias, y nuestros ancianos estarán viendo acontecimientos en sus sueños, de acuerdo a *Joel 2:28* y *Hechos 2:17*. Algunas de estas situaciones mencionadas, fueron dadas a la iglesia de Cristo y son bíblicas, puesto que la Biblia las aprueba, pero hay un tipo de visión que no es bíblica en la Palabra de Dios. Este tipo de visión, viene a ser la que distorsiona el evangelio de Cristo, le daré un ejemplo de estas falsas visiones, por ejemplo; "Dios me mostró en una visión, que es necesario que todos sus feligreses, mantengan la Biblia en la cabeza por 20 minutos, de esa manera serán salvos". Este ejemplo es lo que simplifica una infinidad de mandatos "dados por visiones extrañas", que en definitiva no son la visión de lo que Dios quiere expresar a su pueblo.

Ahora bien, quiero ofrecerle un ejemplo más claro: "Dios me mostró en una visión que, para entrar al cielo, necesita sentir los clavos de Cristo penetrando en sus manos y pies, o no irá al cielo". Este tipo de visiones, como puede ver, son parte de la apostasía actual, pues no son visiones que realmente se apeguen a la Palabra de Dios. Pero para tener un ejemplo de lo que es una visión dada por Dios, quiero ofrecerle un testimonio personal rápido.

Dios mediante una visión, me hizo ver cómo "podría ser el Arrebatamiento de la iglesia", pero esta visión que vino a ser como una especie de sueño, a mí me fue de bendición, ya que esto hizo que mi caminar con Dios fuese más profundo, llevándome incluso a anhelar cada día más, la venida de Cristo en mi vida mediante el Arrebatamiento, siendo para mí un sueño/visión que me bendijo. Y muchas veces este sueño/visión del Arrebatamiento, lo he compartido con la gente a mi alrededor, y ha sido de mucha bendición para ellos también.

En este ejemplo no hay distorsión bíblica, puesto que es una experiencia personal, donde aparece el Arrebatamiento, que está claramente delineado en la Biblia. Y lo que yo explico mediante esta visión, es que Dios viene a levantar a una iglesia pura, libre de manchas y de cualquier estorbo que le impida volar en el glorioso Arrebatamiento, pero yo jamás utilizaría esta visión como una doctrina o una prioridad, es decir, no la utilizaría como prioridad a la Palabra de Dios.

Durante los últimos tiempos, si usted ve que algún hombre o mujer se levanta con una visión extraña, y que hable situaciones que no estén alineadas con la Biblia, es muy probable que estas personas estén tratando de inyectarle una teología peligrosa que podría engañarle. No en todos los casos cuando alguien dice tener "visiones" estas vienen de Dios, y mucho menos, cuando la visión trae consigo algún evento que no está alineado con la Biblia, tal como le he mostrado en los ejemplos mencionados.

La Palabra de Dios es clara, y nos alerta de que, para los últimos tiempos, algunos apostatarán de la fe, escuchando a espíritus engañadores, que podrían desviarle de su fe en Cristo. Por esa razón me es necesario darle pequeños ejemplos, para que preste cuidado y atención, y no se deje engañar al escuchar "visiones", que podrían venir de algún espíritu de engaño que opera en la vida de las personas.

Un dato muy importante, es que ninguna visión debe de ser tomada como una prioridad en su vida, es decir, si yo le comparto la visión sobre el Arrebatamiento que Dios me regaló, usted decidirá libremente si le fue de bendición, pero en ningún momento, usted debe de tomar esta visión como prioritaria en su crecimiento espiritual. Sobre todas las cosas, debe de poner como prioridad la Palabra de Dios, y la dirección del Espíritu Santo. ¿Por qué le hago esta aclaración? La razón, es porque una gran parte del pueblo de Dios, ha dejado de leer la Palabra de Dios, y le ha dado más prioridad a sueños y a visiones. Y ningún sueño o visión debe ser superior a lo que ya fue revelado en la Biblia. Así que le exhorto en el amor de Cristo, a enfocar su vista y sus oídos en la Biblia, y al ayuno y la oración, y que las visiones bíblicas le sean de edificación, más no para perdición.

4) Libros oscuros

Hoy en día, encontramos en el mercado una gran cantidad de libros que están al alcance de todos, pero dentro de todo esto, me ha tocado ver libros que "aparentan ser de bendición", cuando realmente no lo son.

Algunos de estos libros usan el nombre de Dios en vano, pero al estudiarlos, me he dado cuenta de que muchas veces enseñan nueva era, un espíritu de confusión, e incluso enseñan a las personas a negar el nombre de Cristo Jesús. Hay libros que se han infiltrado, dentro de las filas de quienes amamos y anhelamos la venida de Cristo por su iglesia, incluyendo varias series de TV o películas que están "inspiradas en la Biblia", pero su contenido está lejos de la verdad bíblica.

Sin embargo, referente a los libros que compra, hay que

pedirle a Dios dirección mediante su Espíritu Santo, puesto que muchos han optado por leer más libros, que la misma Palabra de Dios. Y yo creo que los libros pueden agregar algunos datos de interés al conocimiento, pueden inclusive, contribuir a ampliar muchas veces la perspectiva de algunos eventos y datos, pero nunca deben de reemplazar la Palabra de Dios. Me refiero a libros con un contenido que no se alinean con la Biblia, y muchas veces causan confusión y desvio doctrinal que pueden empujar a millares de personas, hacia la apostasía.

Entonces, manténgase alerta en ese sentido, y si el Espíritu mismo, le dicta al corazón que "algún libro que está leyendo tiene bendición para su vida", entonces apoye justamente al autor, para que el material que le está siendo de bendición a su vida, pueda usted también bendecir a dicho autor, y en consecuencia, el autor puede obtener fondos para bendecir a muchos más, mediante su apoyo, pero recuerde, nunca ponga toda su confianza en libros que aparentan ser de bendición, y puedan estarle inyectando un falso evangelio que pueda llevarle a la apostasía.

Entonces, le dejo a su disposición esta última sugerencia, que le invita a usar mucha sabiduría a la hora de leer algunos libros, que puedan más bien distorsionar su vida espiritual, y en lugar de bendecirle, pueda estarle desviando de la verdad bíblica. Y sobre todas las cosas no olvide que Jesucristo mismo lo dijo en Juan 5:39, que solo en las escrituras bíblicas encontraremos el camino hacia la Vida Eterna, y el testimonio de nuestro salvador Jesucristo, es nuestro mayor ejemplo.

5) Doctrinas de demonios

Hasta este momento, cada uno de los puntos que le he

venido exponiendo, están inspirados en la Palabra de Dios, sin embargo, el adoctrinamiento de demonios, son todas aquellas ideas y fundamentos humanos, que no están inspirados en la Palabra de Dios, y esto viene muchas veces a ser utilizado por el enemigo, para distorsionar la verdad de Dios.

Por ejemplo, muchas veces vemos a predicadores que comienzan bien, y terminan predicando un falso evangelio, o puede suceder que algunos imitan a un predicador, pero dentro de sus corazones lo que opera son demonios, que han cauterizado la conciencia de la persona, para que predique un evangelio completamente diferente, al que enseñó Cristo Jesús junto con los apóstoles.

Yo enlazaría las doctrinas de demonios con el engaño de herejías, por ejemplo, hoy en día estamos viendo un sin número de personas, que están creyendo en que los OVNIS, serán los que vendrán a rescatar a muchas personas de la tierra. He escuchado inclusive, que el Arrebatamiento se dará mediante "OVNIS o extraterrestres que tienen una cabeza grande con ojos alargados". Realmente estamos llegando a los límites más extremos de herejías inspiradas por demonios, y lo peor de todo, es que las personas están creyendo en estas fantasías, y que de acuerdo a 2 Timoteo 4:3-4, definió como **"Fábulas"**, que son "Conceptos doctrinales inventados", es decir, algunos falsos maestros, tendrán una gran imaginación para inventarse algunas cosas, que más tarde adaptarán con la Biblia, y por esa razón es muy importante que estas "doctrinas de demonios", que no son más que "inventos bíblicos", vendrán a distorsionar la verdad de la Biblia para estos tiempos, y tristemente muchos creerán y caerán en este engaño.

Una de las mejores formas de protegerse es ir a la Biblia para buscar dicho argumento. Ahora bien, no debemos confundir una idea de alguna persona, con un invento que ya es aplicado como doctrina bíblica o como algo real, ahí es donde está el problema.

Por ejemplo, personalmente yo creo, y es muy probable que los agujeros negros del espacio, que son tan misteriosos, podrían estar ocultando el Tercer Cielo, donde se encuentra el Trono de Dios, y las razones que me llevan a pensar en esto, es porque la ciencia hasta la fecha desconoce parcialmente la función de los agujeros negros, pero este ejemplo que hoy le ofrezco, la Biblia no me lo avala, sin embargo, si usted toma esto con madurez, puede notar que no lo estoy afirmando como "algo bíblico y real", sino que simplemente le comparto una idea muy propia. En este ejemplo, yo no le estoy inyectando un falso evangelio o una doctrina bíblica, sino que le estoy compartiendo un punto de vista personal.

Sin embargo, note que, si yo le afirmo que "tras los agujeros negros del espacio está el tercer cielo o el Trono de Dios", y usted me dice: «¿Me puedes probar esto con la Biblia?». Entonces usted notará que no tengo pruebas para afirmar tal hecho y, en ese caso, yo estaría "tratando de inyectarle una doctrina 'como bíblica' cuando en realidad no lo es". Espero y este ejemplo lo tome con madurez y logre comprender el punto.

Entonces, este ejemplo propio, le puede servir para saber diferenciar entre una doctrina bíblica, y lo que es un punto de vista personal que es válido, pero las diferencias son, que cuando una persona comienza a predicar, algún punto personal como "una doctrina bíblica", es donde comienza el engaño. Y estas personas podrían estar predicando "doctrinas de demonios", que son conceptos doctrinales inventados, y que la Biblia no los avala, y es entonces cuando usted debe tener mucho cuidado, para no ser engañado/a y prestar mucho oído y sobre todo ir a la Biblia, donde se encuentra el manual que nos guía hacia toda verdad. Pero debo de advertirle, que incluso el propio enemigo utilizó la Biblia, para tentar a Jesús, así que muchos engañadores argumentarán con la misma Biblia estas fábulas, y es ahí donde debe tener aún más cuidado, y escudriñar la Biblia para evitar caer en este tipo de apostasía.

6) La unidad de todas las religiones

Actualmente, ya estamos viendo muchas noticias, en las que presenciamos ante nuestros propios ojos, la unión de las religiones y sectas, y conforme nos vayamos acercando al Arrebatamiento de la iglesia de Cristo, esto se irá haciendo más común, hasta llegar a un punto en el que muchos creerán que "es algo normal", pero la unión de todas estas religiones, implica que se está ya formando una iglesia apóstata global, que permitirá ver a todos bajo un mismo lema como este: "No hay división porque creemos en un mismo dios". Sin embargo, existen peligros en esta unión, y uno de ellos es que cuando se unan todas estas religiones y sectas, irán rumbo a la apostasía final, para formar la iglesia universal del Anticristo, la cual Pablo señaló en *2 Tesalonicenses 2:3*, donde señala que antes de que comiencen algunos juicios de Dios, el mundo apostataría globalmente, lo que viene a referirse a una "rebelión global", que sería manifestada en 2 fases, y para ello veamos cuáles son estas dos fases.

De acuerdo con varios diccionarios bíblicos, la apostasía no solamente la conocemos como la "apostasía de la fe", además tenemos también la apostasía de "rebelarse". Por ejemplo, en uno de los diccionarios bíblicos se describe la palabra **"Meshubá"** que significa: *"Rebelión, Desvío, Rebelde, Rebeldía -DBS"*. Y no cabe la menor duda, de que el mundo se dirige hacia la última gran rebelión que la humanidad hará en contra de Dios.

Quiero aclararle, que esta rebeldía será liderada por el Anticristo y lo que nuestros ojos están viendo ahora, en nuestra generación, es una gran señal de que el Anticristo está muy cerca de manifestarse, porque según la profecía bíblica el mundo se está dirigiendo rumbo a la apostasía global. Es decir, la humanidad se estará rebelando con mayor fuerza, en contra de Dios para los días finales, y con ello se unirán a una religión mundial, que hará que todos adoren al "Anticristo", para finalmente darle totalmente la espalda a Dios; el espíritu del Anticristo ya está operando en el mundo actual.

7) La apostasía y la gran rebelión humana

Quiero tocar más a fondo este punto, pues ya hemos visto anteriormente, cómo la apostasía de la fe ya está siendo ejecutada en nuestra actualidad, y esto nos indica que el mundo se está preparando para recibir "a un demonio como su dios", pues la Biblia nos declara que el Anticristo, vendrá con gran poder y engaño de acuerdo con 2 *Tesalonicenses 2:9-10*.

Este personaje que vendrá al mundo, tomará a todas las religiones que actualmente se están uniendo, y de esta manera provocará que todos ellos levanten blasfemias en contra de Dios. Es así como estarán siendo parte de la gran rebelión que la humanidad hará en contra de Dios.

Sin embargo, nosotros estamos viendo cómo la humanidad ha perdido sus valores morales, "a lo malo le llaman bueno y a lo bueno le llaman malo". De acuerdo con algunas fuentes que he consultado, de las cuales me reservaré su nombre, hay razones serias para considerar que ya existe un plan malévolo en este tiempo, para destruir a las familias. Sobre todo, existe un plan malévolo, para que los niños comiencen a vivir con una mentalidad perversa, y todo esto es parte de su preparación mental, para que reciban a este demonio, que vendrá a gobernar la tierra por tres años y medio. Pero recuerde que Juan dijo en un verso: "Ustedes hijitos ya han oído que el Anticristo viene". 1 Juan 2:18.

Hay algunas encuestas que señalan que los niños se están perdiendo al ver contenidos de desnudos en sus dispositivos, y la mayoría de los padres han perdido el control en sus hijos; además, diversos medios han estado atacando las mentes, para que las relaciones del mismo sexo sean vistas como "normales", y esto solamente está causando que todo el terreno esté fértil y preparado, para que el líder mundial que tomará el poder global, tenga las puertas abiertas, para recibir a una sociedad que no quiso atender el llamado de Dios en sus vidas, y no quiso volverse de sus malos caminos.

Un dato importante es que, tras la partida de la iglesia de Cristo, el mundo tendrá a un gobernador que será homosexual, puesto que la profecía de *Daniel* declara que el Anticristo "*No hará caso del amor de las mujeres*", de acuerdo con *Daniel* 11:37, lo que implica que una generación de humanos, estará ya preparada para aceptar esta rebelión contra Dios, que no está muy distante de la realidad. Entonces, nosotros ya estamos viviendo en medio de la apostasía de la fe, como también la apostasía de la humanidad, que ya se está revelando en contra de Dios, hay muchas personas que aún no han despertado a lo que el mundo está viviendo globalmente.

Una de las formas en las que el mundo se está rebelando contra Dios, es en hacer todo lo contrario al plan original de Dios, que es mantener a los matrimonios en unidad y en sus estatutos bíblicos como una pareja normal. Sin embargo, estamos siendo testigos de una invasión publicitaria, que demuestra que los tiempos que estamos viviendo, ya han cambiado totalmente en nuestra generación, y ahora lo que era malo para el mundo, esta generación de jóvenes, lo está viendo y viviendo como algo "bueno".

Esto significa que los días que Cristo profetizó, que anunciarían que nosotros estaríamos viviendo días similares a los de Sodoma y Gomorra, ya nos han alcanzado, y esto significa una sola cosa: que el Arrebatamiento de la iglesia está cada día más cerca de lo que pensábamos, y mi intención, querido lector, es que usted esté informado con lo que está sucediendo actualmente, para que no se vaya a quedar a presenciar lo que Dios hará con la humanidad, debido a que el pecado subirá hasta su presencia, y será entonces que Dios enviará una serie de juicios sobre toda la tierra, conocidos como la Tribulación o Gran Tribulación, y que analizamos anteriormente.

8) Se volverán a las fábulas

En *2 Timoteo 4:4*, se nos advierte que una de las cosas que el mundo hará para los tiempos finales, es que muchos se "volverán a las fábulas", y se refiere a personas que son conocedoras de la Palabra de Dios, pero se desviarán de la verdad bíblica, y las fábulas son "conceptos doctrinales inventados".

Actualmente, he visto cómo el mundo cada día sucumbe más a lo artificial, e inclusive muchos han caído en sentir atracción por eventos que no están registrados en la Biblia, y tanto nuestro amado Salvador Jesucristo como sus apóstoles lo advirtieron. Es decir, muchos han quedado fascinados y encantados con las fábulas, que son historias que se asemejan a la Biblia, pero que "parece que fueran verdad". A continuación quiero darle un ejemplo ficticio de lo que sería una fábula, pero recuerde que es un ejemplo que comparto sobre cómo se inicia una fábula.

Una fábula ficticia sobre el arca de Noé: En el pasado Noé construyó un barco, pero para lograrlo construir, algunos árboles tomaron vida, y con sus ramas en formas de mano, contribuyeron a ofrecerle a Noé, toda la madera que necesitaba para que la gran barca saliera a flote. Finalmente, los árboles que habían cobrado vida despidieron a Noé, y es así como los árboles también contribuyeron a construir el arca que salvaría a Noé y a su familia. Fin

En efecto, esta narración resulta sumamente realista, y a cualquier individuo que no posea una formación divina en la Palabra de Dios, podría parecerle bastante coherente que "el poder de Dios" pudiera otorgar vida a los árboles, para que ayudaran a Noé. De esta manera, muchos individuos toman estas "fábulas", como hechos reales de la Biblia, lo que les conduce a una distorsión de la Palabra de Dios.

La historia real dice en Génesis 6 versos 9 al 21, que Dios le ordenó a Noé que construyera el Arca, la cual en realidad era considerada como una caja o casa por las dimensiones de esta, pero por lógica vemos que no la construyó él solo, pues tenía a sus hijos, que muy probablemente le ayudaron y dispusieron de 120 años para terminarla.

Esto quiere decir que, siguiendo la lógica bíblica, "ningún árbol con vida" pudo haber participado. Y este pequeño ejemplo, es el que usted tiene que tomar en cuenta, para evitar caer en "fábulas", que son conceptos bíblicos inventados.

Espero que tome este ejemplo con madurez, ya que la parte de los árboles fue inventada por mí, pero es así como últimamente se han estado inventando muchas historias que parecieran "bíblicas", y en las cuales muchos han caído, lamentablemente.

Pero yo deseo con todo mi corazón que usted pueda no solo estar alerta, sino que, además, forme parte de las filas del ejército de Cristo que resiste en su Palabra, y no se dejarán engañar por este tipo de fábulas que no están avaladas por la Biblia.

Como sugerencia, cualquiera que sea el tema, cerciórese que tenga algún sustento bíblico y recuerde no confundir un comentario personal, con una fábula que alguien pretende venderla como "bíblica" cuando en realidad nunca lo fue, continuemos...

9) Falsos profetas

En este punto, quiero aclararle, que yo creo en los dones que el Espíritu Santo le ha dado a la iglesia, y uno de ellos es el don de profecía. Este don yo mismo lo he experimentado personalmente, pues a muchas personas que no sabían nada de mi vida, Dios les ha inspirado a que me profeticen sobre alguna situación que he atravesado. Y en efecto, personalmente doy fe de que es real, así que lo siguiente que le voy a explicar, será una señal más, de que el fin está más cerca que nunca, y el Arrebatamiento que estamos esperando se aproxima a pasos agigantados. Y esto lo hago para que usted tome precaución, debido a los múltiples engaños que están ocurriendo, y es respecto a los falsos profetas que pululan por el mundo, ofreciendo profecías que aparentemente "vienen de Dios", pero que en realidad no son profecías que provienen de Dios.

La Biblia nos muestra en *I Corintios 14:3-4*, que una de las bases que deben de tener aquellos que ejercen el don de profecía, es que su profecía debe de "edificar a la iglesia", es decir, la profecía debe de ser para «edificación, exhortación y consolación». Y estas son las tres claves, que debe de poner en práctica quienes ejercen el don de profecía.

Sin embargo, hoy en día se han levantado un sinnúmero de falsas profetizas y falsos profetas, que, en lugar de ejercer el don para edificar, exhortar y consolar, están contradiciendo las promesas bíblicas, y confundiendo a quienes no están fundados en la Palabra de Dios, y tienen prestos los oídos a lo que estos falsos profetas están hablando en la actualidad. Tristemente, estas personas son fácilmente arrastrados hacia estas corrientes, que no están fundamentadas en las bases bíblicas que recientemente le he citado.

El problema que se ha estado viviendo en estos últimos tiempos, es que millares de personas, han optado por hacer a un lado la misma Palabra de Dios, para atender lo que estos falsos profetas les inyectan, mediante un espíritu engañador, que pareciera que "viene de Dios", pero en realidad solamente contradice las escrituras bíblicas. Y cuando cotejamos sus profecías con el fundamento bíblico, nos damos cuenta de que contradicen las enseñanzas bíblicas.

En esta última apostasía de la fe, se está dando un fenómeno bastante terrible, donde millares de personas, tienen más comezón de escuchar a los falsos profetas, antes que a la misma Palabra de Dios. Y cuando tú les muestras algunas cosas con la Biblia, las personas están llegando al punto que no quieren atender a la Biblia, porque puede más "la palabra de los falsos profetas", que la misma Palabra de Dios, y esto es un gran peligro que se está dando en estos tiempos de apostasía. Yo no digo que todos son "falsos profetas", hay algunos que profetizan conforme al Espíritu de Dios, y se ajustan a lo que realmente la Biblia nos muestra, pero por la conciencia del hombre y el pecado sembrado desde el pasado, según nuestra historia, el hombre se vuelca siempre a hacer lo malo, antes que al consejo de la Palabra de Dios.

En una ocasión, escuché decir a una falsa profetiza, que "nadie debe esperar casarse con Cristo todavía, porque eso no era para este tiempo", y realmente te puedes dar cuenta que esta es una herejía total, y lo peor del caso es que muchos apoyaron esta herejía.

La misma Palabra de Dios nos muestra, que la Esposa del Cordero, que somos todos los lavados por su preciosa Sangre, y le aceptamos como nuestro Salvador personal, debemos entonces de llamar al Esposo con fe y convicción, y tiene que ser hoy, mañana y siempre, es decir, debemos seguir la instrucción de Apocalipsis 22:17.

El Espíritu Santo que habita en nosotros, nos mueve como Esposa de Cristo, a llamar a Jesucristo, y esto es constante. Aquellos que no sientan esa pasión, por ver al Esposo, que es Cristo Jesús, entonces deben de analizar si tienen contristado al Espíritu Santo, o si están poniendo más oídos al hombre que al mismo Santo Espíritu de Dios, que nos dirige hacia toda verdad, o probablemente aún no están caminando en el camino correcto de la Salvación.

¿Cómo puedo identificar si la profecía viene de Dios? Una de las cosas que debe de tomar en cuenta, es que cuando alguien profetiza conforme al don de profecía, estas profecías deben de venir por dirección del Espíritu Santo. Muchas veces revelan datos de su vida privada, y muchas veces le exhortan a seguir en los caminos de Dios, o le aconsejan para que ajuste su vida con la Palabra de Dios. Esto es maravilloso, porque sabe que Dios le está hablando directamente por medio de un siervo.

Pero un falso profeta dirá palabra que no está en la Biblia, o que quizás es una "fábula", que en realidad no se ajusta a la palabra de Dios. Un claro ejemplo es el siguiente: "Dios dice que todos ustedes no irán al cielo, hasta que vean a miles de aves con alas doradas volar por los cielos, ellas los llevarán hasta Dios".

Sin embargo, así como hemos visto en este ejemplo que es ficción y que representa a muchos falsos profetas, que hablan inclusive cosas mucho más profundas y antibíblicas, claramente rebatimos este ejemplo con la palabra de Dios, puesto que la Biblia nos declara en Juan 14:3, que Cristo nos ofreció la promesa de "Tomarnos o Arrebatarnos", para **"sí mismo"**.

Esto quiere decir, que será el mismo Señor Jesucristo quien hará cumplir esta promesa bíblica, y no "aves con alas doradas". Espero que este ejemplo le sirva para identificar, cuando algo presuntamente profético, no se relaciona con la Biblia, y cuando una profecía sí se relaciona totalmente con ella. Y ahora le daré un ejemplo real de una profecía bíblica.
"Dios ha expresado que debemos estar en Santidad porque

vendrá por su pueblo, que le está esperando, y todos los que le están esperando con sus vestiduras limpias, serán Arrebatados".

Bien, luego de exponerle este ejemplo, usted entenderá que la santidad es parte fundamental del creyente en Cristo Jesús, y es vital para mantenernos firmes, sabiendo que todos nosotros que tememos a Dios, debemos constantemente procurar estar en los caminos del Señor, es decir, no mirando hacia atrás.

La Biblia nos declara por palabras de Cristo en *Lucas 9:62*, que nosotros somos aptos si decidimos, seguirle sin mirar atrás, o *"si no ponemos las manos en el arado"*. Esto significa, que una vez decidimos entregarnos a Cristo Jesús, como nuestro Salvador personal, nosotros debemos permanecer firmes en los caminos del Señor, no dejando que los falsos profetas o maestros nos desvíen del camino, y mucho menos debemos permitir que los placeres y riquezas de este mundo, nos desvíen de nuestra fe en Jesús.

La santidad es una parte muy importante para nosotros, y si analizamos con la Biblia, el ejemplo de la profecía que recién le acabo de dar, comprobamos que hay muchos versos bíblicos que la respaldan; Y es así como descubrimos que la profecía viene de parte del Espíritu de Dios. Lea estos versos querido lector... *2 Timoteo 1:9, 1 Tés. 3:13, Efesios 4:24, Efesios 4:29, Hebreos 12:14, Lucas 1:74-75, Hebreos 2:2-3, 1 Juan 3:2-3*. Y recuerde que estos son pequeños ejemplos, que podrían ayudarle a discernir si la profecía viene de Dios. En este vemos con claridad que hay versos bíblicos para apoyar lo expuesto. Aunque recuerde que, la profecía que es dada por Dios directamente a su vida, debe analizarla con oración y dirección del Espíritu Santo.

10) Sectas

En este punto, usted ha de saber, que a estas alturas hay miles de sectas distribuidas por todo el mundo, y muchas de ellas están totalmente en error, y quien se mueve en esos lugares no es el Espíritu Santo de Dios, sino un espíritu de error y de engaño, que tiene cegadas a muchas personas en todo el mundo.

Me ha tocado convivir con varios de estos grupos, y al mirarlos a los ojos puedo notar el espíritu de error que se mueve en ellos, sin embargo, solo la ministración de la Palabra de Dios y la oración, pueden sacar del engaño a estas personas que han caído en sectarismo.

Una de las cosas que debe tomar en cuenta, querido lector, es que estos grupos se disfrazan muchas veces como ángeles de luz, e inclusive podrían usar la Palabra de Dios para inyectarle una falsa enseñanza. Y solo mediante la Palabra de Dios, y manteniendo una postura de sana doctrina, podrá comprobar que usted no caiga o pertenezca a alguno de estos grupos, o quizás usted podría seguir estos consejos prácticos que le enumeraré a continuación, para evitar caer en algún engaño sectario.

1) Buscan que usted guarde silencio total.
2) Quieren que usted haga oraciones a demonios.
3) Buscan que el líder sea exaltado con todo tipo de elogios.
4) Buscan publicitar la imagen del líder dentro de las estructuras de reunión.
5) Quieren una cantidad de dinero exorbitante.
6) Buscan a mujeres u hombres jóvenes para desposar.
7) Practican la poligamia, es decir, tienen varias esposas.

8) Buscan que usted reclute a más miembros obligatoriamente.
9) Le obligan a vender sus propiedades.
10) Le piden que se tatúe el nombre de la secta o líder.
11) Tienen como prioridad otros libros antes que la Biblia.
12) Buscan que repita frases a ángeles o dioses.
13) Le ponen fecha y día al fin del mundo.
14) Pueden decir que son la reencarnación de "Jesús".
15) Utilizan ritos para purificarle el alma.
16) Creen que Dios es un árbol, un animal o la naturaleza.
17) Tienen reuniones secretas.
18) Le ofrecen dinero para integrar la secta.
19) Creen que los humanos reencarnan en los animales.
20) Podrían ofrecerle cantidades exorbitantes de dinero.

Este listado que le acabo de ofrecer, es un listado con base en la amplia cantidad de personas que he conocido, en mi recorrido por este mundo, a quienes Dios les ha sacado de esos lugares sectarios para su gloria, y que les han hecho practicar de alguna manera, estos datos que le acabo de compartir.

Recuerdo que un gran amigo y hermano en Cristo, quien ya partió a la presencia de Dios, salió de una poderosa secta. Él me platicó todo lo que vivió ahí adentro, y me contó cómo una hermosa joven lo reclutó, y lo hizo practicar cosas abominables ante los ojos de Dios. Él mismo me comentó todo en privado, su historia puede ser muy espeluznante para algunas mentes débiles, sin embargo, yo ya había leído algunos libros que tratan directamente el tema de lo que practican este tipo de sectas.

Mi amigo y hermano en Cristo, salió de aquel lugar por el poder y la misericordia de Dios, y se fue por varias zonas del Norte y Centro América a predicar de la misericordia de Dios. Y la transformación que Jesús hizo en su vida, fue completa y totalmente renovadora.

Él podría haber accedido a una bóveda llena de dólares, y podría haber tomado ese dinero para cerrar algunos clubes nocturnos, para beber y pecar, e incluso podría haberse comprado el auto más lujoso de la época, si así lo hubiera deseado. Sin embargo, como bien me dijo: "todo eso es un espejismo y una trampa del diablo".

La vida de mi amigo me llevó a recordar, cuando el enemigo tentó a Jesús y le dijo: "*Todo esto te daré, si postrado me adoras*". Mateo 4:9, y en ese momento le ofreció todas las riquezas del mundo y sus reinos. Pero Jesús le respondió con toda autoridad, "Apártate de mí. Satanás". Esto es lo que usted debe responder, si no desea ser engañado durante estos últimos tiempos, en los que el enemigo está utilizando todo tipo de artimañas para engañar a la humanidad, y privarle del Arrebatamiento de la iglesia, o inclusive de vivir sin Cristo, y perderse en este mundo sin esperanza.

Sin embargo, toda esta mezcla de sectas está llevando a millares de almas a la perdición, lo que significa que estamos ante una inminente señal del fin de los tiempos, que tristemente abarca todo tipo de rebelión, y apostasía en contra de Dios a nivel global.

Como datos finales en el tema de las sectas, quiero contarle brevemente mi testimonio. Una secta muy conocida a nivel global, me contactó en una ocasión para que yo pudiera unirme a ellos. Mi primer pago, si aceptaba unirme, oscilaba entre unos 100.000 dólares para iniciarme, e inmediatamente pensé: "con esto tengo para solventar mi vida material aquí en la tierra". Sin embargo, tenía claro que nosotros, como creyentes al evangelio de la cruz, no vivimos por el materialismo o por las riquezas de este mundo, y menos cuando lo que te piden hacer a cambio "es decirles a las personas que Dios no existe, o que la Biblia no es verídica". Pero así como Jesús respondió, yo respondí y dije: "Apártate de mí, Satanás. Al Señor tu Dios adorarás y a él sólo servirás".

Lo que trato de decirle, es que probablemente usted mismo/a podría ser expuesto a tentaciones muy jugosas por el enemigo, al ofrecerle placeres o riquezas, con tal de que usted niegue a Dios si le conoce, y apostatar de su fe. Y si no le conoce, pero ha escuchado hablar de Dios, usted podría recibir propuestas muy jugosas, para que se adentre en el materialismo y se olvide de Dios en su vida, el enemigo es muy astuto en esa área.

Le podría contar otros testimonios personales de propuestas muy tentadoras, que personalmente he rechazado por amor a Cristo, por amor a muchas almas y, sobre todo, porque conozco el portón de oro del cielo, que será abierto cuando la Esposa del Cordero partamos mediante el Arrebatamiento, hacia nuestras mansiones celestiales, en las que está lo bueno y lo que realmente merece la pena.

Por esa razón, es importante perseverar, y no solo porque nuestra alma sea salva mediante el poder de la Sangre de Jesús, sino, además, porque arriba nos esperan mansiones maravillosas, cosas jamás vistas aquí en la tierra. Recuerde que nada de lo que el mundo le ofrezca acá en la tierra, se compara con lo que nos espera allá arriba, donde está lo bueno, en los cielos, en la casa del Padre (Juan 14:2).

Ahora bien, quiero aclararle que no estoy en contra de que Dios le pueda hacer prosperar aquí en la Tierra, querido lector. Al contrario, es una bendición si esto sucede, porque estoy seguro de que usted compartirá con los santos esas bendiciones, y también las pondrá a los pies del evangelio del Señor Jesús, para que la obra de Dios siga avanzando, y más cuando estamos en números rojos en la profecía de la Biblia, todo lo que provenga de Dios acorde a su medida, es una bendición. Pero sepa detectar que viene de Dios, y que no viene de Dios.

De hecho, en 1 Timoteo 6:17-19, se les ordena a los ricos que son creyentes al evangelio de Jesús, que sean generosos y dadivosos, para que con un noble corazón sean también partícipes de la promesa de la vida Eterna. Por lo tanto, si Dios le ha provisto riquezas acá en la tierra, sea generoso con los más necesitados.

Ahora bien, quiero contarle brevemente este testimonio, de cómo algunas riquezas no provienen de Dios: mi querido padre y pastor, fue citado en una ocasión para unirse a un concilio "aparentemente cristiano", donde le ofrecieron un salario de entre 5.000 a 6.000 dólares mensuales, un carro del año, y una hermosa casa con una iglesia soñada, si aceptaba unirse a esa organización.

El requisito era "no predicar de que Cristo viene, y aceptar los nuevos movimientos y matrimonios del mismo sexo". Me senté personalmente a la mesa con mi padre, siendo yo su consejero espiritual en ese momento, y me expuso el caso.

Ese día reímos, porque mi padre siempre fue un hombre de fe, un hombre que le creyó a la Palabra de Dios, y me dijo: «¿Qué opinas?». Y respondí: "Suena muy tentador, pero conozco tu respuesta".

Y aquí estoy en representación de mi padre, quien con un corazón humilde, le dijo a este concilio que no estaba interesado en estos bienes materiales, a cambio de vender un falso evangelio, que llevaría a muchos a la perdición. Hay sectarismo por muchos lugares, que tienen además que ver con la apostasía final de los últimos tiempos.

Y por tal razón, aquí estoy predicando acerca de que Cristo viene pronto, y avisando para que estemos apercibidos, porque el Arrebatamiento de la iglesia de Cristo está más cerca que nunca. La apostasía ya está en medio de nosotros, y se está manifestando de diversas maneras que nunca llegaremos a imaginar. El problema radica, en que muchas personas aún no se han percatado de lo que está ocurriendo a nuestros alrededores, y por tal razón creen que falta mucho para que Cristo venga por su iglesia.

Querido lector, le he expuesto en esta señal, lo que está aconteciendo a nivel mundial respecto a la apostasía global, estamos viviendo en tiempos muy peligrosos en el mundo, las señales proféticas están ya ante nuestros ojos, y es muy probable que estemos ya viviendo en números rojos en el tiempo de Dios.

Este libro no solamente contiene señales bíblicas, sino que además es una inspiración del Espíritu de Dios, para preparar su vida, y que le servirá como una guía que podrá consultar todas las veces que le sean posibles, para poder orientarse respecto a las situaciones que están aconteciendo por todo el mundo, y las cosas que están a punto de suceder.

LA GRAN APOSTASÍA FINAL

> La apostasía y la rebelión contra Dios irá en aumento, rumbo a la iglesia global que adoptará a un solo "dios" sin importar credos, pero los que estemos apercibidos estaremos tomados de la mano de Dios, para soportar los tiempos finales previos al Arrebatamiento.

Zacarías 12:2-3

JERUSALÉN LA COPA DEL MUNDO

Querido lector, en esta última señal que analizaremos, estamos ya ingresando a la parte culminante, de este fenomenal análisis sobre los tiempos finales que estamos viviendo. Quiero comentarle que me hubiese gustado analizar más señales proféticas, pero si el Señor Jesús aún nos concede más tiempo acá en la tierra. Este es el primer libro de una serie de libros que me gustaría desarrollar más a futuro, pero esta señal con la que quiero cerrar este libro, a mi criterio, es la señal que determina el tiempo culminante del Arrebatamiento de la iglesia. Por lo tanto, le pido que tome sumo cuidado de lo que estoy a punto de compartirle, en esta serie de señales que hemos venido analizando hasta este momento. Con esto no quiero decir que las señales que ya analizamos no sean importantes, por supuesto son cruciales, pero aquí analizaremos lo que está sucediendo en Israel, quien es la nación y el reloj profético de Dios. Recuerde que lo que ocurre en Israel repercutirá en el mundo entero, pero, «¿por qué razón?». Quizás usted se haga esta pregunta...

Muy bien, para comenzar, recordemos que en Zacarías 12:2-3, se habla de que Jerusalén es la "Copa del mundo o la piedra pesada". ¿Qué significa esto? Que Jerusalén será "el dolor de cabeza del mundo entero", es decir, usted probablemente ha visto a estas alturas, que Jerusalén ha sido como un rompecabezas para el mundo entero: "todos quieren resolver los conflictos en la nación de Israel". Sin embargo, esta gran ciudad se encuentra tomada por la misma mano de Dios, es decir, la ciudad de Jerusalén está en los misterios de Dios, y existen una serie de propósitos y eventos proféticos que son necesarios, como es el caso de lo que ocurre en Jerusalén en la actualidad, y en el futuro, para que se cumplan las señales bíblicas en la tierra, que culminarán con la majestuosa Segunda Venida de Cristo a la tierra, para gobernar por mil años el mundo, Apocalipsis 19:11-16.

Sin embargo, todo inicia con esta profecía bíblica que Jesús sentenció sobre la ciudad de Jerusalén cuando Jesús les dijo: *"Jerusalén, muchas veces quise protegerlos, como la gallina protege a sus polluelos, pero ustedes no quisieron. Ahora les digo que su casa quedará desierta y vacía, y no me volverán a ver hasta que ustedes digan: ¡Bendito el que viene en el nombre de Dios!"* (Mateo 23:37-39). Esta es una traducción adaptada a un lenguaje más comprensible.

En este libro iniciamos hablando sobre el discurso de Jesús en el *monte de los Olivos*, en Mateo 24, y en ese discurso Jesús o Yeshua, se despidió de sus discípulos. Pero en el año 70 d. C., se señala, que los israelitas fueron expulsados de sus tierras por el emperador Tito, quien para ese entonces era un general de las tropas romanas. El historiador Flavio Josefo argumentó, varios eventos de mucho interés sobre los tiempos bíblicos de Jesús.

Ahora bien, una vez que los judíos fueron expulsados de Israel, en efecto, la profecía de Jesús se cumplió; el templo no solo fue abandonado, sino que además el imperio romano profanó el segundo Templo de Jerusalén, inclusive el único de diez candeleros hechos de oro puro, fue llevado como un trofeo a los romanos, y en el arco dedicado a Tito, esculpieron la figura de este candelero que fue tomado del segundo Templo judío. Si usted va al lugar o analiza alguna imagen detenidamente, verá la evidencia clara, de que este evento es completamente verídico, lo que nos indica que el resto de las profecías bíblicas, también están ya en proceso de su cumplimiento.

Y es así como la profecía de que Jerusalén sería dejada desierta y vacía fue cumplida a cabalidad. Ahora bien, no quiero enfocarme tanto en la historia pasada, porque mi intención es traerle al presente, a la actualidad de lo que está a punto de suceder respecto a este tema.

Conflicto en Jerusalén

En la señal número 3, ya analizamos una serie de guerras y de rumores de guerras, que Israel ha venido atravesando y seguirá atravesando. Estos conflictos se estarán incrementando todos los días, usted mismo verá las portadas de los noticieros, anunciando que Israel estará iniciando una nueva guerra, por la ciudad amada de Jerusalén, o que los enemigos de Israel los quieren fuera de esas tierras.

Sin embargo, debemos recordar que esas tierras fueron entregadas a Israel desde la antigüedad, por un pacto llamado en la Biblia como **"pacto sempiterno"**, de acuerdo con estos pasajes bíblicos de 1 Crónicas 16:16-18, Salmos 105:9-11, Isaías 24:5.

Usted probablemente se podría preguntar: «¿Pero fueron sacados de esas tierras, ya no les pertenecen?». Ante la vista humana, sí, hubiese parecido que así es. Sin embargo, recordemos que por profecía de Jesús y en algunos pasajes como *Daniel 9:26-27*, se describe que la ciudad sería devastada y permanecería en guerra, y que hasta el final de los tiempos, estas guerras no cesarían para Jerusalén.

Si echamos un vistazo a las noticias de actualidad, Jerusalén está metida en conflictos cada día más fuertes, por lo que la profecía tanto de Jesús, como las que describen Daniel y el profeta Zacarías son total y completamente exactas, todo ha ocurrido tal como fue profetizado.

Ahora bien, el fin de las devastaciones vendrán, hasta que Jesús vuelva por segunda vez a la tierra, para poner orden y paz, pero ya será mediante una nueva Jerusalén descrita en *Apocalipsis 21:2*.

El mundo está metido en graves problemas con Dios, y no se imaginan la sorpresa que las naciones enemigas de Israel se llevarán, puesto que la palabra "sempiterno", quiere decir que el pacto es Eterno; se trata de un pacto que ninguna mano humana podrá quebrantar. Sin embargo, por propósito de Dios, será permitido que el único que pueda, en "apariencia", confirmar un pacto con las naciones, será el propio Anticristo, quien mediante engaños logrará realizarlo. Aunque este pacto que propondrá, sucederá luego de su manifestación sobre la tierra, cuando la Esposa del Cordero ya hayamos salido de la tierra mediante el glorioso Arrebatamiento.

El conflicto en el Medio Oriente es una lucha que no es nueva. Se trata de una disputa que, desde hace varios siglos y décadas, se ha venido manifestando de una forma más amplia y concreta, y en su mayoría se refiere a la división de las tierras de Israel. Por ejemplo, los países vecinos de Israel, desean que Jerusalén no sea reconocida como la capital de Israel.

Algunos hombres con poco entendimiento de las profecías bíblicas, tienden a divagar en pensamientos y dicen: «¿Por qué Israel no lo instalaron en el África o en Estados Unidos, o en otra región?». Permítame explicarle sencillamente por qué algunos piensan así, lamentablemente es porque estos hombres y mujeres desconocen totalmente el "pacto Sempiterno".

Como vimos en los pasajes anteriores, vemos en el *Salmos* 105:9-10, que la tierra actual donde está Israel fue dada a Jacob como decreto y a Israel por "pacto Sempiterno". Comprendamos entonces que es un decreto:

Decreto: "Proclamación oficial, sentencia, mandamiento, ley, estatuto, orden real". DBI

Querido lector, vea usted que esta proclamación de decreto dado a Jacob, viene directamente por orden de Dios. Por lo tanto, todos aquellos que pelean en contra de Jerusalén, están peleando en contra de una orden divina, que ha sido dada como un decreto ofrecido por el mismo Creador del mundo, el poderoso en batalla, el Santo de Israel. Así que, quien se atreva a desafiar este decreto, estará desafiando la misma ira de Dios.

Es cierto que Jerusalén quedó desierta por más de 2000 años, pero fue por la desobediencia de Israel hacia Dios. Sin embargo, el retorno de Israel en 1948 hacia las tierras heredadas a este pueblo por pacto sempiterno, ya han sido tomadas nuevamente, como lo analizamos en la señal del renacimiento de la higuera, que es Israel.

Muchas veces he respondido a la pregunta de: ¿por qué no ubicaron a Israel en otro país? Y respondo de esta manera.

Imagine que la civilización de los antiguos Mayas, volviese a reclamar su territorio. Déjeme explicarle que, en estudios previos que realicé sobre esta civilización, cuando estudié una carrera de turismo y hotelería, aprendí que, según la historia, la cuna del nacimiento de la civilización Maya fue en Guatemala. Debido a la falta de agua, en lo que se conoce como celotes, los antiguos mayas se vieron forzados a emigrar hacia algunas zonas de varios estados en México, incluyendo Honduras. Definitivamente, vemos que la historia y sus ruinas o templos Mayas hablan por sí solos, en definitiva, se deben de ubicar a donde pertenecen, y la evidencia e historia demuestran el lugar inequívoco de sus orígenes, donde deberían de ser ubicados. Aunque la civilización de descendencia Maya, sigue viva en algunas regiones de Guatemala, solo quise darle algunos ejemplos, de que ocurriría si hubiera que reubicar a los antiguos mayas, ya que se reubicarían dónde está la evidencia de sus templos o zonas que marcaron su historia.

De igual manera, en Israel hay monumentos y evidencia clara de que Jesús caminó por esos lugares, incluyendo el Gólgota o el Valle de la Calavera, donde nuestro amado salvador Jesucristo fue crucificado por nuestros pecados. Algunos pisos de varias casas en ruinas, que datan de la época de Jesús, contienen dibujos de peces, en alusión al milagro de la multiplicación de los peces que Jesús realizó, de acuerdo con Mateo 15:34-35.

Existen restos del muro de los lamentos, que fue el segundo Templo que Dios ordenó reconstruir, según *Nehemías 2:5*. Existen también dos antiguas columnas que Salomón edificó en ambos lados del Mar Rojo, las cuales dedicó a nuestro Padre Eterno, por haber librado a su pueblo Israel, y haberles sacado del cautiverio del Faraón, y por haberles abierto una brecha para librarlos del mal. Estas columnas siguen en el mismo lugar, dando fe de que Israel ha sido y será el pueblo de Dios.

Además, podemos ver que el mismo *monte de los Olivos*, donde Jesús ofreció su discurso y donde descenderá por segunda vez, sigue intacto en Israel, aunque algunas zonas están habitadas en la actualidad. Y si hablamos de su historia, enumeraríamos un sinfín de evidencia, que demuestra que el pueblo de Israel, ¡jamás podrá ser ubicado en otra nación que no sea su propia tierra! Los opositores no tienen ningún sustento histórico, lógico y sobre todo bíblico, para afirmar que Israel hubiese sido ubicada en otra nación, que no sea la propia tierra otorgada por la misma boca de Dios, y que conlleva un poderoso decreto.

Ahora bien, por si fuera poco, el decreto más tarde se convirtió en "un pacto sempiterno" para Israel, lo cual quiere decir:

Aionios "Eterno, perpetuo, que no tiene fin". DBI

Ahora bien, el pacto será quebrantado en algún momento, lo que conllevará que el mundo sufra desequilibrio a nivel mundial. Veremos grandes guerras en esa zona, en las que Israel tendrá que defenderse ante sus agresores. Y la ciudad amada, será para las naciones como una pieza de ajedrez en medio del conflicto. Pero sabemos que esa ciudad, tras ser entregada a Israel por el pacto mencionado, en algún momento recibirá la intervención directa de Dios.

Todo este conflicto se verá reflejado incluso en la naturaleza, y sobre todo en los animales de nuestro planeta. Si, así como lo escucha, cada vez que usted oiga, que las naciones "quieren hacer un tratado de paz para Israel en Jerusalén", ha de entender que ese tratado lleva un poderoso engaño, para despojar a Israel de la ciudad amada. Por esto la tierra sufre luto y dolor, porque ellos trataron de falsear el "pacto sempiterno" contra la nación de Israel, las naciones intentarán burlar a Dios, pero claramente quedarán expuestos ante Dios.

Es curioso que hace algunos años, toda la tierra enfermó debido a una poderosa peste que azotó al mundo entero, y que terminó en una pandemia global, pero recuerdo que días antes, se estaba tejiendo un pacto en Israel, "que presuntamente traería la paz a la nación de Israel y sus enemigos", y en consecuencia todos sufrimos la siguiente profecía.

Se destruyó y enfermó la tierra

En *Isaías 24:4* se describe que "la tierra enfermó", es decir, la tierra "se ha marchitado", y esto no solamente es debido a que el mundo no ha tenido en cuenta a Dios, sino que, además, la profecía nos menciona que "los altos pueblos de la tierra", han estado sufriendo por la maldad que impera en el mundo.

Pero la Biblia no solamente habla de una enfermedad física, también se refiere a una enfermedad espiritual. Cuando la Biblia habla de enfermedades físicas, que afectan al mundo en varias naciones, nos damos cuenta de que, en la actualidad, cada cierto tiempo aparecen enfermedades misteriosas. Incluso, recuerdo haber visto un video de unas jóvenes de África, de entre 14 y 18 años aproximadamente, que repentinamente, amanecieron con las piernas temblorosas y sin poder caminar. Los médicos no pudieron explicar qué les sucedió porque fue un hecho repentino.

Querido lector, tenga en cuenta, que el mundo ya no será el mismo de hace décadas. Todo está concluyendo, inclusive, miles de creyentes al evangelio de la cruz están asustados, porque sus propios líderes no les advirtieron sobre estos sucesos. Personalmente he visto que algunos ministros ya están despertando de ese letargo sueño, y eso es muy bueno, para que alerten a sus ovejas de lo que está a punto de suceder, y lo que está sucediendo en nuestra actualidad.

Recuerde que, día tras día, están surgiendo nuevas enfermedades, también son causadas por el consumo de los estupefacientes. He escuchado que algunos hombres, han sufrido de la enfermedad que se conoce popularmente como "Zombis". En este caso, pierden el control de sus extremidades, y caminan por las calles como si los miembros de sus cuerpos no respondiesen, asemejándose a muertos caminantes. Vea hasta donde estamos llegando como generación.

Así como este caso, vemos que hay otras enfermedades que están produciendo que nuestro mundo se resienta, por cambios que la propia ciencia no ha podido explicar. Sin embargo, es muy importante que usted recuerde, que todos aquellos que reconocimos o reconozcan a Cristo Jesús Yeshua como su Salvador personal, tendremos una cobertura especial en estos tiempos proféticos que estamos viviendo, pues no solamente ya hemos sido sellados por su Espíritu Santo (*Efesios 1:13-14*), sino que, además, tenemos la cobertura de la Sangre de Cristo, que es la única que nos ha limpiado de todo pecado de acuerdo con Hebreos 9:13-14. A Cristo Jesús sea la gloria, el imperio y la majestad por los siglos de los siglos.

Falsearon el pacto sempiterno

Cuando la Biblia declara que la tierra enfermó y se destruyó, según *Isaías 24:4*, se refiere a que las naciones, han estado tratando de destruir lo que fue otorgado por herencia a Israel, incluyendo la repartición de las tierras, donde ya fueron ubicados.

Debemos comprender que todo aquel que intente engañar a la nación de Israel, con falsos tratados, se estará metiendo en problemas directamente con Dios, ya que Él tiene su ojo puesto sobre esas tierras, y hasta que Él lo decida, no permitirá que Jerusalén concluya con su profecía final, descrita en el libro de *Apocalipsis*.

Ahora bien, en *Isaías 24:5* leemos que *"la tierra se contaminó bajo sus moradores"*, es decir, *"la tierra decidió vivir bajo sus propias leyes"*, dejando a un lado todos los estatutos bíblicos de Dios. Y no solamente la tierra se ha contaminado con todo tipo de inmoralidad, como jamás alguna generación hubiese presenciado hasta hoy en día, sino que se ha cometido el peor agravio, que es *"intentar quebrantar el pacto sempiterno"* para la nación de Israel.

La expresión del profeta Isaías al usar en este versículo la palabra "quebrantar", hace alusión a "violar algo sagrado". Aunque ha habido intentos de llevar a cabo diversos planes que violan el pacto sempiterno, vemos que lo único que acarrea el tratar de romper este pacto es desolación a la tierra, y por esta causa dice la Palabra de Dios que los *"habitantes fueron consumidos"*.

Querido lector, estamos viviendo tiempos proféticos, y tristemente millares de personas, aún no quieren despertar a la realidad de lo que nuestra generación ha estado viviendo. Lo único que debemos comprender es que Dios nos está alertando mediante su Palabra, pidiéndonos que estemos preparados, porque en cualquier momento arrebatará a su amada iglesia, y el mundo ingresará al trato directo de Dios, cuando las naciones con engaños romperán este pacto, en mutuo acuerdo con el Anticristo.

¿Como romperá este pacto el Anticristo?

En *Daniel 9:27* se describe que *"por otra semana confirmará el pacto con muchos"*. Y en esta parte de la profecía Bíblica, se está refiriendo exclusivamente al Anticristo, porque esta semana descrita en este verso, es la que corresponde a los últimos 7 años restantes, que fueron anunciados en la profecía de las 70 semanas dadas a *Daniel*, para el pueblo de Israel. Esta semana inicia con la orden dada a *Nehemías* en su capítulo 2 verso 5, donde inician las primeras 7 semanas que Israel conoce como semanas *Shabúa*, y cada una de las cuales equivale a 7 años. En Génesis 29:20, vemos un claro ejemplo de esta semana, en donde Jacob trabajó 7 años por Raquel, sin embargo, conocemos que tuvo que trabajar otra semana (7 años más), al haber sido engañado, y así obtener a su amor. En Génesis 29:27 encontramos un claro ejemplo, de la importancia de reconocer la semana *"Shabúa"*.

Ahora bien, estas primeras 7 semanas suman un total de 49 años proféticos para nosotros, luego en *Daniel 9:26*, dice que *"después de las sesenta y dos semanas, se le quitará la vida al Mesías"*, esto hace una suma total de 7 semanas más 62 semanas, serían 69 Semanas proféticas en total hasta la muerte y resurrección de Cristo, pero como bien leímos la parte que dice; **"Y por otra semana confirmará el pacto con muchos"**, aquí se refiere a la Semana número 70 de la profecía de Daniel.

Esta Semana 70 de la profecía bíblica aún no se ha cumplido, está congelada o pausada. Hago referencia a este punto, porque el tiempo de la Gracia se abrió para nosotros los gentiles, desde la muerte y la resurrección de Cristo, hasta nuestros días, por lo que la profecía de las 70 semanas de *Daniel*, actualmente se encuentra pausada en la Semana 69.

Pero lo más asombroso es que, como mencioné en la señal que dice; **"no pasará esta generación"**, ahí podemos notar que, en el año de 1948, el pueblo de Israel ya regresó a sus tierras, y ahora las tribus de Israel están retornando completamente desde los confines de la Tierra, para esperar al Mesías, porque muchos de ellos saben que pronto llegará. Sin embargo, ese Mesías esperado no es Yeshua o Jesús, sino que más bien es el Anticristo o el Anti-Mesías, como le llaman algunos, quien será una de las últimas pruebas que vivirá la nación de Israel.

Por lo tanto, hay una semana llamada "la semana 70 de Daniel" que aún se tiene que completar, y de aquí es de donde sacamos que habrá 7 años de Gran tribulación o Tribulación para la tierra, porque quien rompe el pacto **Sempiterno** es el Anticristo. Pero, de acuerdo con una serie de profecías, esto se dará cuando haya dado inicio la última semana profética llamada Shabúa, que consiste en 7 años nuestros, conocidos como: *"El día del Señor, aquel Día, el Día grande o espantoso de Jehová, la Tribulación o Gran Tribulación"*.

Ahora, querido lector, hágase usted mismo esta pregunta: «¿Si

Israel ya está en posición de darle seguimiento a la semana 70 de Daniel, qué falta entonces por cumplirse?». Yo le respondo de la siguiente manera: Lo que falta por cumplirse es el evento glorioso del Arrebatamiento, para que la profecía bíblica siga su curso, sin que nadie pueda detenerla. ¡Bendito y alabado sea nuestro amado Salvador Jesucristo! A continuación, quiero compartirle una guía rápida y breve, para que comprenda con mejor detalle el desarrollo de las 70 Semanas de Daniel, y podrá analizar su cumplimiento, y como se vienen desarrollando desde la antigüedad.

El tiempo se queda pausado en 69 Semanas	Comienza la era de la iglesia de Cristo Juan 14:16, Hechos 2:1-4.
El resurgimiento de Israel como nación, profetizado.	Año 1948 Isaías 66:8, Isaías 43:5, Marcos 13:28.
Actualmente aun continuamos en el tiempo de la Gracia.	Más de 2,000 años de Gracia. Lucas 21:24, Hechos 28:28, Romanos 11:11, Romanos 11:25.
El Arrebatamiento	Cuando ocurra concluye la Gracia e Israel será salvo. Ro. 11:26
Inicia la Semana 70	Aparece el Anticristo 2 Tesalonicenses 2:6-8, Daniel 7:8, Marcos 13:14, Apocalipsis 6:1-2.
Inician 7 años de juicios para la tierra, nadie en su sano juicio querrá vivirlos.	La última semana llamada también, Tribulación o Gran tribulación o Semana Shabúa, incluye Sellos, Trompetas, Copas de la ira de Dios, Plagas.

Concluye la Semana 70	La Segunda Venida de Cristo Jesús o Yeshua a la tierra. Apoc. 19:11-16, Zacarías 14:4-10.
Comienzan 1,000 años del gobierno de Jesús o Yeshua	Jesús corregirá con mano de hierro en su gobierno milenial. Apocalipsis 20, Isaías 11:6-9.

Y es así como se desarrollarán los eventos proféticos una vez puesto en marcha el Arrebatamiento, para dar paso a la Semana 70 de Daniel. Pero recuerde que todo inicia desde que las naciones, tratan de falsear el pacto sempiterno, por ejemplo, una de las cosas que enciende el enojo de Dios, es que quieran dividir la tierra de Israel, y repartirla con más pueblos, que no son los que están en la promesa que analizamos anteriormente, y por tal motivo, estamos viviendo bajo una serie de eventos catastróficos, una decadencia moral y política en nuestra actualidad.

Ahora bien, sepa que el Anticristo será tan carismático, que pronto será reconocido como el líder máximo de la era. Tras la partida de la iglesia de Cristo, este líder tendrá características que impresionarán a las masas, e Israel creerá que es el "Mesías", y ellos aceptarán este pacto malévolo, que propondrá el Anticristo, siendo el líder máximo para ese entonces.

Ahora bien, la razón por la que Dios permite esto, es porque para la Gran Tribulación de 7 años o semana 70, a Dios ya no le importará la estructura física del tercer Templo de Salomón que será reconstruido en Jerusalén. Lo que Dios hará para ese entonces, es restaurar la ciudad de Jerusalén en la Segunda Venida de Cristo a la tierra, y hará un pacto nuevo para Israel, según Jeremías 33:7-8, Hebreos 8:10, Hebreos 10:16.

Dios tiene varios planes con Israel, y parte de su plan es que la nación vuelva a ser restaurada totalmente, puesto que Dios traerá de vuelta a todos sus profetas y siervos, que ahora mismo duermen y están en la presencia de Dios. Cada plan que Dios tiene es exacto, profético y sobre todo, tenemos la buena noticia de que el mundo se está perfilando hacia un futuro gobernado por Él.

Y esta es una de las razones de por qué Dios permitirá que se cumpla ese pacto con el Anticristo. Pero, aun así, la palabra de Dios no será quebrantada, incluyendo el pacto sempiterno, porque ahí mismo volverá a brillar la hermosa y nueva Jerusalén, y para ese entonces todos los que fuimos partícipes del Arrebatamiento, ya estaremos de vuelta en la tierra restaurada. ¡Gloria a Dios!

Jerusalén la piedra pesada

Ahora bien, durante mi caminar por este mundo, he notado que cuando se va a tocar el tema de un tratado de paz para Israel en Jerusalén, ocurre justamente lo que la profecía en Zacarías 12:3 dice: "Los que se cargaren la piedra serán despedazados", es decir, recuerdo en una ocasión cuando les advertí a varios miles de amigos y hermanos en Cristo, mediante un video en el que les comenté, que rechazar o ignorar a Jerusalén como la capital del pueblo de Israel, era pelear completamente en contra de Dios.

En Zacarías 12:3 se menciona, que todos aquellos que vayan en contra de estos principios bíblicos, se herirán a sí mismos. Recuerdo que en esa ocasión yo hice una seria advertencia y dije: "Las naciones que no acepten a Jerusalén como la capital del pueblo de Israel, se verán afectadas muy pronto y nosotros seremos testigos de ello". Y mi comentario fue en base, a la experiencia que Dios me ha regalado por su misericordia en el campo de la profecía bíblica.

Ahora bien, como podrá darse cuenta, cada día las naciones están más sumidas en la delincuencia, los jóvenes perdidos en bebidas y químicos alucinógenos, los gobiernos robando los recursos de los pueblos, y la maldad multiplicada sobre la tierra como nunca lo habíamos visto anteriormente. Además, no podemos pasar por alto las protestas internas en cada nación, que están causando un desequilibrio mundial. Note que el mundo ha enfermado, no solamente es física sino moral y espiritualmente.

Además, los jóvenes se están alejando lentamente de las cosas de Dios, y cada vez invierten más su tiempo en adicciones a los videojuegos, en perder el tiempo viendo "videos chistosos sin ningún alimento espiritual", han optado por invertir su tiempo en películas y en todo lo que sea entretenimiento. Tampoco podemos pasar por alto la invasión de contenidos eróticos, que han asaltado las redes de Internet. Tal y como fue profetizado, el mundo está siendo despedazado en todo el sentido de la palabra.

Aunque aclaro que no tengo nada en contra, de que algunos utilicen las redes para informarse, o aprovecharlas para un momento de entretenimiento, el problema es el exceso de tiempo que nuestra generación está invirtiendo en estos pasatiempos, dejando fuera por completo el alimento espiritual. Y si se trata de contenidos eróticos, la misma Biblia nos dice en Salmos 101:2-4 *"que no debemos poner cosa injusta delante de nuestros ojos"*, es decir, es necesario que guardemos nuestros ojos para Dios, para *"caminar con el corazón limpio"* dentro de casa.

Retomando el tema actual, no cabe la menor duda de que la profecía es tan precisa, que el mundo no ha tenido el tiempo para siquiera informarse, de lo que realmente está ocurriendo en nuestro entorno. Por eso le felicito, querido lector, por haber hecho el esfuerzo de adquirir este libro, que trata todas las señales que nos indican, que estamos llegando al tiempo culminante del glorioso Arrebatamiento de la iglesia.

Ahora bien, Jerusalén ya es la piedra pesada del mundo entero, y recordemos, que mientras el tiempo vaya avanzando, veremos a los líderes mundiales tratando de beber de esa copa llamada Jerusalén. En algunas versiones de la Biblia, se describe que *"todos aquellos que beban de esa copa, serán confundidos"*, vea qué tan importante es para Dios la tierra de Israel.

Pero, además, en la porción de Zacarías 12:3, se advierte que quien se cargue, o se ponga al cuello la piedra, será "despedazado", lo que significa que Dios mismo herirá a las naciones. La profecía habla claramente de que Dios ha hecho de Jerusalén como una piedra pesada, y el ejemplo más sencillo para definir este pasaje es el siguiente.

Imagine que usted encuentra una piedra grande que pesa varias libras o kilos, y en el momento que usted la levanta, lo primero que sucedería sería que su espalda podría resentir el peso, y en consecuencia los discos de su columna vertebral serían dañados. Exactamente así es como funciona en la profecía de la Biblia, todos los que "busquen solucionar o robar la tierra de Jerusalén", heredada por un pacto sempiterno, saldrán muy lastimados.

Pero en ese versículo mismo se menciona: *"que todas las naciones se juntarán para luchar contra ella"*, es decir, contra Israel, y por eso hice mención, querido lector, de lo que está sucediendo en todo el mundo. Nuestro mundo ha enfermado porque las naciones se han juntado en secreto para destruir a Israel, lo que ha conllevado a cambios climáticos en todo el mundo, lluvias torrenciales, hambres, y varios eventos que ya he tratado anteriormente en este libro.

Antes de pasar a mencionarle, donde terminará todo para la iglesia de Cristo mediante un evento llamado **Gog y Magog**, quiero tocar otro evento que también ha estado ocurriendo de forma masiva.

Masiva muerte de aves, peces y animales en la tierra

Ahora bien, usted ha escuchado que están muriendo millares de peces y de aves por todo el mundo. Todo el mundo adjudica la muerte de estos peces y aves al "cambio climático", sin embargo, la Biblia ya nos había advertido que cuando viéramos estos eventos suceder, estaríamos al borde del colapso. Por esa razón, creo firmemente que las señales finales de los últimos tiempos ya nos han alcanzado.

En una parte del libro, cuando hablé sobre "los principios de dolores", le dije anteriormente que llegaríamos a la señal donde le explicaría, por qué las aves y los peces del mar están muriendo. Esto se debe precisamente al hecho de que muchas naciones están trastocando el ya mencionado pacto, para perjudicar a Israel "astutamente", como leímos en *Isaías 24:4-6*, donde se nos dice que: **"se destruyó, enfermó y cayó**

la tierra".

Estas tres palabras que he mencionado también incluyen a los animales, y tristemente el mundo está resintiendo un desequilibrio incluso en la naturaleza, donde millares de peces, aves y especies de nuestro reino animal, están muriendo por causas que ni la misma ciencia puede explicar. Sin embargo, la Biblia declara en los siguientes versos bíblicos, el motivo por el cual está ocurriendo esto ahora mismo.

En Oseas 4:2-4, se describen varios actos que la humanidad estará practicando para este tiempo y son:

"Perjurar, mentir, matar, robar, adulterar, y homicidios tras homicidios" suceden todos los días. Y la Biblia afirma que todos estos hechos, llevarían al mundo a que la tierra estuviera de luto, y el luto es que muchos moradores de la tierra partirán de este mundo.

Pero no solamente hemos estado viendo, cómo una variedad de enfermedades se están llevando a muchos hombres de esta tierra, sino además, vemos que la profecía indica que aún "las bestias del campo, incluyendo a las aves y a los peces del mar, fallecerán". Es alarmante lo que estamos viendo en nuestros océanos.

En una ocasión vi muchas ballenas varadas en las playas sin motivo aparente, los hombres trataban de regresarlas al mar, pero ellas insistían en morir en las orillas de las playas. Los expertos señalaron que no pudieron encontrar motivos racionales para ese comportamiento.

En el estado de Carolina del Norte, hace varios años, expuse la noticia, de que alrededor de 50 millones de peces fueron encontrados muertos en los alrededores del rio Neuse. No se dieron más detalles de por qué se produjo esta catástrofe ambiental. A pesar de que decenas de científicos fueron consultados, nadie pudo ofrecer más que algunos argumentos poco racionales. Lo que trato de explicarle, querido lector, es que la Biblia es la única que tiene estas respuestas, no hay otro libro que explique de mejor manera lo que está sucediendo en todo el mundo.

Pero quiero recordarle que, en efecto, desde los tiempos de Adán y Eva, la naturaleza fue alterada en su curso natural, y tal como vimos en el verso anterior está ocurriendo exactamente lo mismo.

También el rio Nilo en Egipto, sufrió hace algunos años la pérdida de 200 toneladas de peces, y en esta ocasión responsabilizaron a la falta de oxígeno en el agua y al cambio climático. Si bien es cierto, que la humanidad busca la lógica en cualquier evento que sucede en el mundo, pero analicemos que estamos hablando de sumas apocalípticas y veo que muchos no se han percatado, de lo que realmente está ocurriendo en nuestra actualidad. El mundo está enfermo en casi todos los sentidos, y solo nuestro amado Salvador Jesucristo, puede traer la sanidad a las naciones.

En Perú, hace varios años, se encontraron aves que se precipitaron a tierra, y también la muerte de varios delfines, y las autoridades determinaron que un misterioso virus los mató, sin obtener resultados concretos. En ese entonces, más de 1000 pelícanos se precipitaron a tierra repentinamente, y nadie pudo obtener una respuesta precisa.

Notemos que la Biblia nos habla que la maldad del hombre ha

llegado a límites nunca vistos, que inclusive las aves y los peces del mar están siendo afectados hasta nuestros días, y recuerde querido lector, usted cada día antes del Arrebatamiento, verá en los noticieros que las bestias del campo, las aves y los peces estarán muriendo, de una forma "misteriosa" para el mundo. Pero usted estará consciente, que la propia humanidad, tras desviarse ante las leyes de Dios, y pretender falsear el pacto "sempiterno", ha causado este desequilibrio en la naturaleza, tanto ambiental, como en el reino animal.

En Islandia cerca de 13.000 ovejas fueron sepultadas debido a los cambios climáticos, indicaron los medios locales. Los habitantes del lugar se mostraron sorprendidos, ya que para ellos era un día normal. Sin embargo, una nevada inesperada, dejó a las ovejas sepultadas bajo la nieve, cuando comían pasto en una de las praderas de Islandia. Con este incidente, se evidencia que el clima y las estaciones ya no son las mismas que hace décadas. Querido lector, los tiempos han cambiado completamente para nuestro mundo; los días no solamente se han acortado, sino que nuestro mundo ha ingresado a una etapa culminante. Solo la llegada de nuestro amado Salvador Jesucristo, hará que todo este desequilibrio vuelva a la normalidad para su gobierno milenial.

Querido lector con estos eventos que hoy le he compartido, yo deseo con todo mi corazón, que sobre todas las cosas, usted mantenga la paz, para que cuando escuche o vea en los medios de comunicación que suceden eventos sin respuesta científica, usted pueda comprender mediante la Palabra de Dios, que estamos viviendo los tiempos finales, debido al incremento de la maldad en la tierra, pero sobre todas las cosas tenemos una vía de escape mediante Cristo Jesús, nuestro único medio y salvación para nuestra alma y nuestra vida.

A continuación, pasaré a ir cerrando este libro con una de las señales que considero es la más clara, que nos indica que estamos ingresando a la parte culminante de la profecía bíblica.

GOG Y MAGOG LA ÚLTIMA PROFECÍA

Querido lector, quiero comentarle que la Biblia describe una serie de guerras que ocurrirán en el mundo, pero el conflicto se centrará en el Medio Oriente, especialmente en Jerusalén, un tema que hemos venido tratando a lo largo de todo este libro. La mayoría de los teólogos se centran mucho en una guerra que se describe en el *Salmos 83*, donde se habla de una confabulación de varias naciones árabes, que buscan en secreto acabar con la existencia de Israel como nación. Estas batallas están descritas en el *Salmos 83*.

A estas alturas de este libro, ya habrá aprendido lo que sucede cuando estos pueblos van en contra de Israel, sobre todo cuando tratan de quebrantar el pacto "sempiterno". Por lo tanto, según la profecía de la Biblia, estas naciones serán intervenidas directamente por la mano de Dios.

Ahora bien, a mi criterio personal, como analista en escatología de las profecías de la Biblia, la madre de todas las guerras en nuestra generación debe de ser **Gog y Magog**, la que describe *Ezequiel 38 y 39*, y esta es la batalla que marcará el inicio del fin de los tiempos, donde la humanidad se estará ya perfilando hacia lo que hemos ya tratado anteriormente, el temido periodo llamado "Tribulación o Gran Tribulación, la Semana 70 de Daniel, el día de la angustia de Jacob".

La razón por la que considero de enorme relevancia esta profecía, es porque las naciones que definen a **Gog y a Magog**, ya están presentes en los noticieros del mundo, y recuerde que esta batalla tiene que ver en la señal que venimos tratando sobre Jerusalén, siendo esta la piedra pesada del mundo. Ahora bien, definamos quienes son las naciones, que están cerca de participar de esta profecía bíblica, que marcará el inicio del fin.

Querido lector tome su Biblia y vaya a Ezequiel capítulo 38, en ese capítulo usted encontrará estos nombres.

Gog, Magog, Mesec, Tubal, Persia, Cus, Fut y Gomer,

Togarma, Sebá, Dedán y Tarsis.

GOG

Algunos estudiosos han definido a Gog como una nación. Sin embargo, Gog según la profecía de la Biblia, se refiere a un líder político que será protagonista y podría resurgir de las siguientes naciones: Rusia, Irán, Afganistán o Arabia Saudita. Aunque, en estudios profundos, se ha identificado la ubicación geográfica que la Biblia narra sobre Gog, y se refiere indiscutiblemente a las regiones que abarca Rusia, por lo tanto, Gog debería de ser un líder político de Rusia.

De acuerdo con las profecías de la Biblia, la batalla de *Ezequiel 38*, que considero como la última señal antes del Arrebatamiento de la iglesia de Cristo, Gog concebirá en su corazón "mal pensamiento", según *Ezequiel 38:10*. Es decir, el líder político que este gobernando Rusia, será quien en su corazón dirá: "subiré contra una tierra indefensa", y cuando se refiere a esto la Biblia, es porque Gog creerá que su poderío militar es superior al del pueblo de Israel.

Recordemos que el mundo, en la actualidad, especialmente Gog, a quien identificaremos ahora como Rusia, tiene un poderío militar completamente nuclear. Incluso hasta la fecha, están explorando la posibilidad de expandir este poder hasta el espacio, para lograr un alcance aún mayor, en caso de que se aproxime una potencial guerra.

Ahora bien, la Biblia declara que una de las razones por las que Gog, piensa que debe ir hacia las tierras de Israel, es para arrebatarles botín, y tomar parte de sus tierras para sus propios fines comerciales y políticos. Y uno de los principales tesoros de Israel, se encuentra en las enormes reservas de gas natural, que sus científicos han descubierto hasta el día de hoy. Según varios estudios y descubrimientos, Israel posee una cantidad enorme de gas natural en las costas del mar israelí, que le permiten una producción millonaria de metros cúbicos de gas natural, siendo así una nación, que tiene la capacidad de exportar enormes cantidades de gas por todo el mundo.

Este tesoro natural, ha sido como la miel en el panal para sus países vecinos, que de acuerdo con el *Salmos 83*, su deseo es desaparecerles. Sin embargo, hay grandes probabilidades, de que Gog, al buscar una mayor expansión de sus recursos, cumpla con la profecía descrita en *Ezequiel 38:12*, donde querrá tomar este botín, que había estado reservado por siglos, en las tierras de Israel y que, a partir del año 2009 hasta el año actual, es un tesoro de un valor inmenso, ante los ojos de muchas naciones, pero sobre todo para Gog.

En algunos documentales, he visto la prosperidad de Israel hasta hoy en día, ya que a la iglesia de Cristo se nos ha dado una prosperidad espiritual, pero a Israel se le ha dado la promesa de la prosperidad terrenal. Esta tierra bendita de Israel, donde enfrentará una serie de dificultades, verá así también el poder de Dios y su mano poderosa para con ellos.

Gog no solamente irá contra la tierra de Israel, sino, además, la profecía nos indica que convencerá a otras naciones para que reciba todo el apoyo necesario, y así incursionar con un plan malvado y perverso, para ir contra las tierras que habitan "sin muros y cerrojos".

Debemos tomar en cuenta que esta batalla que liderará el líder político Gog, no se está refiriendo a la batalla de Gog y Magog descrita en *Apocalipsis* capítulo 20, ya que esta batalla ya no será liderada por un líder político, sino que será liderada por el mismo Satanás.

Los grandes eruditos y rabinos judíos, en varios libros que he leído, están en espera de que en cualquier momento la batalla de Gog y Magog se desate en Israel. De hecho, cada vez que escuchan hablar de Gog, saben perfectamente que se están encaminando hacia esta guerra descrita en *Ezequiel* 38 y 39.

Las naciones que Gog liderará

En la profecía de *Ezequiel* 38, se describen algunas naciones que a continuación citaré, para darle mayor amplitud en este tema; Y la razón es, de que es importante que reconozca de inmediato a estas naciones, porque en cualquier momento podrían ingresar ya en la escena profética que estamos tratando, si no es de que ya están jugando un papel fundamental en la profecía de la Biblia en la actualidad.

Magog – Se refiere a Turquía, abarca también parte del mar caspio en la región, incluyendo a una parte de Grecia, continuando con Ucrania, Kazajistán "la tierra de los Kazajos" y Siria, quien está tomando su papel profético en la actualidad.

Mesec y Tubal – En estos nombres encontramos a Arabia Saudita, Irak, regiones de Siria y Turquía.

Persia – Se refiere a Irán, una nación que actualmente está jugando un papel profético muy importante en el Medio Oriente.

Cus – Se refiere a una sección que está entre Sudán y Etiopía.
Fut – Se refiere a Libia al este.

Gomer – En la antigüedad fue un hijo de Jafet, y se encuentra mencionado en *Génesis 10:2*, actualmente se refiere a la región de Armenia.

Sebá y Dedán – Sudán y Somalia, ubicados entre el este y noreste de África.

Togarma – Nuevamente se refiere al vasto territorio que tiene Turquía.

Tarsis – Es España, la cual estará jugando un papel importante en la profecía bíblica. En la antigüedad e historia bíblica, España exportaba minerales tales como plata, plomo, hierro, estaño, etc. Pero en su historia se narra que en 1492 los Reyes Católicos, Isabel y Fernando, expulsaron a los judíos de las tierras, con el pretexto de que judaizaban a los cristianos.

Ahora bien, ese récord histórico, deberíamos de analizarlo en la actualidad y determinar que posición tiene España para con Israel, y si puede ser parte de la profecía de Gog y Magog. Habría que analizar su posición política en torno al Medio Oriente, pero sobre todas las cosas, su posición para con el pueblo de Israel.

Cabe señalar que algunas ubicaciones a las que la Biblia se refiere, se encuentran al sur de España, muy cerca de Gibraltar, una de las regiones que distribuía mucha riqueza mineral, por lo que era una zona ampliamente conocida en los tiempos bíblicos.

Tarsis también fue una zona, a las que se ha llegado a creer que el apóstol Pablo habría llegado, y Pablo expresó un profundo deseo de visitar el lugar, según Romanos 15:24, 28. Un fragmento de Muratori, que data del año 170 d. C., afirma que Pablo estuvo en España, especialmente tras salir del cautiverio romano, que fue narrado en Hechos.

Clemente de Roma, escribió en el 96 d. C., y argumentó que "Pablo visitó los límites de occidente", por lo que existe evidencia extrabíblica de que Pablo estuviese en España, como fue su deseo, según la carta a los Romanos. Por lo tanto, así también vemos que España entonces estará jugando un papel importante, así que mantengamos los ojos puestos en este hermoso país, esperando a que Dios haga su perfecta voluntad.

No olvide que quien definirá la posición de España sobre Israel, será su propia política interna, y los noticieros nos confirmarán, qué apoyo les dará a las naciones, que formarán la coalición que le darán vida a la profecía de **Gog y Magog**.

Entonces, hemos definido quiénes son las naciones que participarán de este evento, y la palabra de Dios nos muestra, que su mano también se moverá, sobre Gog y las naciones que irán en contra de la tierra de Israel.

¿La iglesia de Cristo veremos la batalla de Gog y Magog?

Antes de continuar con este tema, me es necesario intervenir y hacer un paréntesis sobre esta pregunta, ya que, a lo largo de muchos años, me han hecho justamente esta cuestión.

Muy bien, lo primero que debemos tomar en cuenta, es que hay cuatro posiciones referentes a esta batalla de Gog y Magog.

La primera posición es en la que yo creo firmemente que será de esta manera, porque todos los versos bíblicos que avalan el Arrebatamiento de la iglesia, nos indican que nosotros como generación estaríamos ya viviendo bajo el tiempo final, para que de inicio la Semana 70 o Gran Tribulación.

En esta posición, es muy probable que nosotros veamos el inicio de esta batalla, o incluso su final. La razón por la que creo que será así es porque Dios tiene un propósito. Según *Ezequiel 38:23*, la profecía dice que *"**Dios se hará mostrar ante las naciones**"* al ver la destrucción de Gog. Si la iglesia nos quedamos a presenciar este evento, veremos la misma gloria y grandeza de Dios en todo su esplendor, manifestada contra Gog en favor de la nación de Israel.

Sin embargo, hay algo que no debemos descartar referente a esta profecía bíblica, y es que recordemos que el "Anticristo o anti-Mesías", tendrá que aparecer en escena profética para ese tiempo, ya que su aparición será para proponer una paz mundial al mundo, pero sobre todo propondrá la paz para Israel y sus enemigos, mediante un tratado de paz, como vimos anteriormente.

Esto significa que, en base a todos los versículos bíblicos que le ofrecí en el tema de "velar", nosotros debemos estar **"Velando y Orando"**, para esperar a Jesús mediante el Arrebatamiento, y salir de este mundo que se encuentra en caos, puesto que el Anticristo, aparecerá por propósito de Dios, cuando el Cordero Santo, abrirá el primer Sello de Apocalipsis 6, donde un jinete con un arco en su mano será el primer juicio global que aparecerá a la tierra.

Por lo tanto, a pesar de que Dios se mostrará al mundo entero, recordemos que el trato debe continuar para ese tiempo con la nación de Israel, y todo da inicio con la batalla de **Gog y Magog**. Pero el Anticristo será un personaje que vendrá con un propósito al mundo. Nadie sabe quién es, porque se trata de un misterio que no será revelado, hasta que el primer Sello de *Apocalipsis 6* sea abierto, por la misma mano de Jesús, nuestro Salvador personal.

De ser así, cuando escuche que Gog quiere ir contra Israel, tenga claro que podríamos entonces estar al borde del inicio de esta batalla, o de quizás ser arrebatados para ese tiempo. Sin embargo, recordemos que según *Lucas 12:40*, el evento del Arrebatamiento será *"a la hora que no penséis"*, por tal motivo no ponga toda su confianza en ver esta batalla, porque justamente solo podría ser una antesala para el Arrebatamiento de la iglesia de Cristo.

Ahora bien, la segunda posición es que algunos creen que esta batalla no será vista en lo absoluto por nosotros, que somos la Esposa del Cordero, sino que Dios nos sacará de la tierra, antes de que de inicio la batalla.

La tercera posición argumenta que esta batalla sucederá durante la Gran Tribulación, y justamente será la antesala de la batalla del Armagedón.

Y la cuarta posición argumenta, que esta batalla se dará hasta finalizar los 1.000 años del milenio que gobernará Cristo, y que tanto Gog y Magog de *Ezequiel 38* y *Apocalipsis 20*, son exactamente el mismo evento.

Por lo tanto, la primera o segunda posición, deberían de ser las más acertadas, porque recordemos que la profecía dice en *Ezequiel 38:23*: que **"Dios será engrandecido y santificado, y será conocido ante muchas naciones"**. Podría quizás, ser este el momento exacto, donde muchos conocerán quién es el Dios de la Biblia e Israel, y esta podría ser la última llamada para la humanidad, antes de ingresar al periodo de la Gran Tribulación, que consiste en un periodo de eventos apocalípticos por 7 años consecutivos.

La sepultura de Gog y sus ejércitos

Ahora bien, en *Ezequiel 39*, encontramos cuál será el triste final de Gog incluyendo a sus ejércitos, a quien Dios mismo hará descender "Fuego, granizo, azufre, y enfermedades", según *Ezequiel 38:21-22*. Inclusive algunas versiones de la Biblia hablan de que a los ejércitos de Gog y Magog, Dios mismo les confundirá las mentes para que peleen entre ellos mismos. Habrá una confusión terrible enviada directamente por Dios.

Más tarde, vemos que la Biblia declara en *Ezequiel 39:9*, que inclusive, los israelitas metafóricamente quemarán las armas de estos ejércitos "y les servirá de leña por 7 años", según este pasaje. Otras versiones sostienen que las armas de estos ejércitos serán para "combustible". Es muy probable que se refiera a gasolina, ya que estos 7 años que la Biblia describe, solo podemos concretarlos con los 7 años de Tribulación o Gran Tribulación que vienen para la tierra, un periodo que también conocimos como la Semana 70 de Daniel, y que tras finalizar la batalla de Gog y Magog de *Ezequiel 38 y 39*, podría dar inicio.

Recordemos que en este periodo que viene, de Tribulación o Gran Tribulación, a la Esposa del Cordero no se le promete guardarla en ninguna parte de la Biblia, a los únicos que Dios guardará para ese periodo, son a los israelitas que sean obedientes a su Palabra, algunos israelitas tendrán esta promesa, como dice *Apocalipsis 12:14*, que "la mujer" quien representa a Israel y no a la iglesia, será sustentada en el desierto por *"un tiempo y tiempos y la mitad de un tiempo"*, que es un equivalente a 3 años y medio, de los 7 años de Tribulación que vienen para la tierra.

Es muy probable que este combustible obtenido de las armas le podría servir al pueblo de Israel, para permanecer cómodos, ya sea en transporte o con energía necesaria, en alguna sección oculta del desierto de Néguev al Sur de Israel.

Si bien es cierto, este misterio será descubierto de una manera plena, cuando llegue el momento indicado por Dios.

Debemos considerar que estos 7 años que nos describe esta profecía, podría también significar el número perfecto de Dios sobre los enemigos de Israel, pero lo más sorprendente, es que el final de Gog y Magog de *Ezequiel 38 y 39*, lleva el juramento de la misma boca de Dios. Por lo tanto, nadie se confíe de lo que esté ocurriendo en el Medio Oriente, y más cuando escuche a las naciones mencionadas, porque podríamos estar muy cerca de ser arrebatados.

En *Ezequiel 39:11*, se describe la sepultura del líder Gog, donde podemos apreciar una intervención directa por parte de la mano de Dios, y es aquí donde muchos de nosotros, debemos tener sumo cuidado en estos tiempos finales, que ya nos han alcanzado. Dios mismo dará lugar para la sepultura de Gog en las tierras de Israel. Por lo tanto, esta batalla que yo considero de gran importancia, y que somos pocos los que hablamos de ella, podría estarnos encaminando hacia la aparición del Anticristo, lo que conllevaría también, al Arrebatamiento de los Santos. Por lo tanto, la batalla del *Salmos 83* será breve, pero **Gog y Magog** será la madre de todas las batallas en nuestra generación.

Diferencias de Gog y Magog de Ezequiel 38 y Apocalipsis 20

Ahora bien, aclaremos estos puntos para tener base en la primera posición que le compartí, y así sostener este comentario y definir las diferencias de ambas batallas.

Como le expliqué anteriormente, algunos eruditos y rabinos

judíos, creen que Israel está al borde de ingresar a la batalla de Gog y Magog descrita en Ezequiel 38, y de hecho yo comparto ampliamente su posición, a pesar de que ellos no tienen conocimiento de la profecía descrita en Apocalipsis 20, a excepción de algunos judíos mesiánicos que reconocen a Yeshua como su Salvador personal.

Como bien lo dice el subtítulo de este tema, hay diferencias bastante claras y precisas, que nos indican que Gog y Magog de Ezequiel 38, es una batalla completamente distinta a la última batalla descrita de Gog y Magog en Apocalipsis 20.

—Recordemos que Gog, es un líder de Rusia que concebirá "un mal pensamiento en su corazón junto con un plan malvado", (Ezequiel 38:10).

—En Apocalipsis 20:8, Satanás sale a engañar a Gog y a Magog, note que Gog ya no es un líder político, sino que ahora es el propio enemigo quien lo lidera.

—Gog es un príncipe soberano sobre Mesec y Tubal, es decir, lidera a estas naciones (Ezequiel 38:2).

—En Apocalipsis 20:8, el enemigo, es ahora el líder de Gog y Magog, y los reúne para la batalla.

—En Ezequiel 39:11 Gog (el líder), es sepultado en las tierras de Israel, donde inclusive recibe el nombre de Hamón-gog el lugar de su sepultura.

—En Apocalipsis 20:10, el líder de Gog y Magog que es el enemigo, es arrojado al lago de fuego, donde nunca más volverá a tentar al mundo, y las naciones vivirán en completa paz para siempre.

Nota: recuerde que la batalla de **Armagedón** será al finalizar la gran tribulación, siendo dirigida por el Anticristo contra Jesús (Apocalipsis 16:14-16), y esta batalla es muy distinta a las batallas mencionadas de Gog y Magog.

Ahora bien, aquí vemos un claro ejemplo, de por qué la batalla de *Ezequiel 38 y 39*, es muy diferente a la batalla de *Apocalipsis 20:7-9*, donde hay razones muy concretas para pensar, que el mundo estaría al borde de ingresar, en cualquier momento, a una temida batalla, que sacudirá al mundo entero. Pero sobre todas las cosas, veremos el poder de Dios siendo manifestado ante las naciones. ¡Bendito y glorificado sea el Santo nombre de nuestro Señor Jesucristo!

¿CÓMO SERÁ EL ARREBATAMIENTO?

Rumbo a casa

Muy bien, llegó la hora de cerrar este libro, querido lector, y de despedirme, como dice 1 Tesalonicenses 4:18: *"aliéntense con estas palabras los unos a los otros"*, y así mismo cerramos con el tema principal con que iniciamos este recorrido profético, y con el asunto que realmente nos interesa, en estos tiempos difíciles que ya nos han alcanzado.

Querido lector, tal como es el título principal de este tema, le sugiero que recuerde las promesas que Dios tiene para cada uno de nosotros, y que vuelva a leer toda la Biblia, junto con este libro, porque recordemos, que la generación que vea suceder con mayor frecuencia en el mundo, estos acontecimientos que analizamos, será indiscutiblemente la generación que será parte del **Arrebatamiento de la iglesia**.

Por tal razón el Arrebatamiento se dará conforme a lo que Jesús habló en *Lucas 17:34*, donde se nos menciona que *"estarán dos en una cama, uno es tomado y otro dejado"*. La palabra **"Tomar"** tiene varios significados, del hebreo **"Lacáckj"** y son: **"Arrebatar, atraer, llevar, quitar, sacar, recoger"**. Cristo Jesús menciona en esta parte de la profecía bíblica, que el mundo, a pesar de que se estarán viviendo todos los conflictos que mencionamos anteriormente, estará ocupado en lo siguiente:

Comían, compraban, vendían, plantaban y edificaban,

según Lucas 17:28.

Es decir, el mundo estará ocupado en sus quehaceres, tal como está ocurriendo hoy en día, el mundo estará distraído, y estarán convencidos de que nada ocurrirá. La Biblia nos declara que estarán distraídos, como en los días de Lot, donde no creían que vendría una destrucción a los moradores de Sodoma y Gomorra.

Así también la Biblia nos advierte que *"de dos personas que estaban durmiendo, uno será llevado al cielo, y otro será dejado"*, aquí la Biblia nos declara que se refiere a un matrimonio fiel a Jesús y a otro matrimonio que no conoció la luz de Cristo, ambos matrimonios duermen juntos, uno es tomado y el otro matrimonio es dejado. También se refiere a que el día del Arrebatamiento, habrá una pareja de esposos que duermen juntos, pero uno de los dos, no quiso buscar de Dios, pero hubo uno que sí quiso buscar de Dios, y por tal razón de dos que duermen en un matrimonio, uno es tomado y el otro es dejado.

Por esa razón, yo le motivo, a que si usted tiene una esposa o esposo, que está buscando a Dios y usted no lo está haciendo, apóyele en estos tiempos difíciles para buscarle juntos, para que ambos sean **"Tomados o Arrebatados"**, en esa noche, que simboliza la llegada de Jesús sorpresivamente para el mundo. Haga un último esfuerzo, y más cuando ve lo que está sucediendo actualmente en el mundo.

En *Lucas 17:35*, se describe a *"dos mujeres moliendo juntas"*, pero *"una es tomada y otra es dejada"*. En este versículo se habla de que habrá dos mujeres trabajando, ya sea en su propio hogar, en alguna oficina o en algún restaurante. El ejemplo que Jesús nos ofrece, es que una de ellas buscó de Dios con todo su corazón, y vivió con todo su amor para Dios, entregando su vida a Jesús como su Salvador personal, y la otra mujer que escuchó del evangelio de Jesús, pero no obedeció al llamado de Dios, y en consecuencia no es tomada el día del Arrebatamiento.

Por tal razón, yo le motivo a que guarde su corazón para Dios, y dondequiera que se encuentre, recuerde estar clamando para ser tenida por digno/a, de ser tomado/a el día del Arrebatamiento. No se pierda de esta última y gloriosa oportunidad que Dios le está dando.

En *Lucas 17:36* se describe a *"dos hombres en el campo"*, estos hombres de igual manera estarán trabajando, pero de igual forma, uno de ellos es creyente al evangelio de Jesús, y otro había escuchado del evangelio, pero decidió que no estaba interesado. En ese momento que Jesús toma a los suyos, uno de los que trabajaban en el campo, que simboliza toda labor que el sexo masculino ejercemos en el mundo, tenía temor de Jesús y había caminado bajo su mano poderosa, en consecuencia, Jesús lo toma para llevarlo al cielo. Pero uno es dejado atrás, tras desobedecer al llamado de Dios.

Ahora bien, en Juan 14:1-3, se menciona que Jesús nos fue a preparar lugar, a todos nosotros los que hemos creído en su nombre, y nos menciona que fue a preparar un maravilloso lugar a la casa del Padre, pero notemos que Juan 14:2, Jesús nos dice **"que hay muchas moradas"**, es decir, hay muchas residencias en el cielo esperando por nosotros, pero además inicia este capítulo diciendo: "No se turbe vuestro corazón". Es decir, en medio de cualquier situación no podemos permanecer turbados, sino al contrario debemos permanecer con la llama encendida, de esta esperanza gloriosa.

No permita que las situaciones venideras le perturben el alma, al contrario, tenemos que estar seguros de que Jesús nos fue a preparar esas moradas a la casa del Padre.

Y en Juan 14:3 nos dice que "volverá para **tomarnos** para sí mismo", y es aquí donde completamos los versos que nos advirtieron que Jesús, mientras algunos "duermen", tomará a los que esperaron en su promesa gloriosa y divina.

Además, de dos mujeres que molían en un molino, una será tomada mientras trabajan, al igual que de los hombres que trabajaban en el campo, uno será tomado para ir a la casa del Padre, y si **Jesús lo prometió**, usted debe de tener la certeza de que así será.

Por tal razón, querido amigo, querido hermano, este es el tiempo donde debemos permanecer tomados de la mano de Dios, para que podamos estar listos para ese momento glorioso de ser arrebatados, mi mayor deseo es que usted pueda ser partícipe de este maravilloso evento.

Y si obtuvo este libro, por curiosidad o mediante el obsequio de un amigo o amiga, le invito a reconocer a Cristo Jesús o Yeshua, como su Salvador personal, pidiéndole que ingrese a su corazón, ábrale la puerta de su corazón, confesando y reconociendo que Cristo Jesús (Yeshua), murió por todos nuestros pecados; y resucitó limpiándonos de todo pecado mediante su Sangre redentora, para obtener la vida Eterna y la salvación de nuestras almas, pida la guía del Espíritu Santo de Dios hoy mismo.

Y si ya le ha conocido, pero siente una frialdad espiritual, este es el momento en que puede pedirle al Espíritu Santo, que le ministre su alma, abrácelo y permita que su manto de gloria y poder le cubra, y si le ha fallado a Dios, arrepiéntase de sus fallas, y alcanzará misericordia. ¡Bendito y alabado sea el Santo nombre de nuestro Señor Jesucristo!

Ahora bien, ya sea que vivamos o que durmamos, para ser parte del **Arrebatamiento de la iglesia**, para mí ha sido un gozo enorme, haber sido un predicador de esta generación. Toda la gloria sea para nuestro amado Salvador Jesucristo, nos vemos allá arriba ¡Muy pronto!

Y el Dios de paz, aplastará al enemigo en breve

bajo vuestros pies. Que la gracia de nuestro Señor

y Salvador Jesucristo sea sobre su vida y familia.

Romanos 16:20

Acerca de mí

Durante muchos años, el Señor Jesucristo me ha permitido compartir una cantidad bastante extensa de estudios bíblicos, tanto en la congregación junto con algunas iglesias que me han invitado a impartir la Palabra de Dios, como también a varios grupos de jóvenes a los que Dios me ha permitido enseñarles estos temas, como también en Internet.

Pero en algunos estudios que he ofrecido en Internet, en muchas ocasiones he omitido mi nombre actual, puesto que no estoy interesado en que mi nombre sea reconocido aquí en la Tierra en lo que respecta al tema escatológico o profético, deseo que Dios reconozca esta tarea que Él ha puesto en mis manos allá arriba en los cielos.

Pero, a pesar de esto, muchos amigos y hermanos han tenido algunas dudas sobre quién soy, y qué tipo de estudios bíblicos he cursado. Y por esa razón quiero hacer una pequeña reseña de cómo comencé los estudios bíblicos, que he compartido a millares de hermanos y amigos de todo el mundo para la Gloria de Dios.

Durante mi infancia y adolescencia, recuerdo que mi Padre (Q.E.P.D.) quien fue pastor y maestro en teología, a quien por cierto yo le reconocí como un Dr. en teología, pero él no me permitió que le llame así, a pesar de su larga trayectoria en estudios bíblicos; entonces, mi padre almacenaba todos sus libros teológicos en una pequeña librera de madera, que justamente estaba ubicada en mi habitación de infancia, recuerdo que en muchas ocasiones, a mí me llamaban la atención muchos de esos libros de estudios que él guardaba en esa librera de madera, y yo siendo un niño y en mi etapa transitoria a mi adolescencia, en mis ratos libres, tomaba estos libros para leer lo que mi padre leía, dentro de ellos recuerdo varios diccionarios, como el clásico diccionario bíblico llustrado, recuerdo libros sobre cómo comprender el griego, arameo y hebreo, libros sobre como conocer las religiones y las sectas y sus fundamentos humanos, además como comprender el plan de Dios para nuestras vidas, entre otros. Y es así que leí muchos libros de teología, de los cuales yo no tenía conocimiento de porqué sentía una gran atracción hacia esos libros de estudios bíblicos, dentro de todos ellos recuerdo también que me gustaba leer más el libro de Apocalipsis en la Biblia, a pesar de que no lo entendía en mi niñez, pero me llamaba la atención leerlo, por los eventos futuros que Dios había dejado escritos mediante nuestro querido hermano Juan.

De esa manera es que Dios fue tratando con mi vida, para que tomara más seriedad al llegar a mi madurez y, a pesar de que mi padre me pedía que estudiara para certificarme como un maestro en teología, yo nunca acepté, porque siempre tuve claro que la inspiración para comprender la profecía bíblica, vendría por parte del Espíritu Santo y no de los hombres. Y a pesar de que mi padre tenía dos institutos bíblicos y graduó a decenas de estudiantes, no quise obtener ningún título teológico para no caer en la tentación de vanagloriarme, pues conocí que esta es una de las armas favoritas de nuestro adversario para desviar el corazón del hombre del propósito de Dios, y ese fue uno de los motivos que me llevó a seguir estudiando la profecía bíblica por mi propia cuenta, siendo mi padre mi maestro personal. Es decir, he vivido con el instituto bíblico durante casi toda mi vida, y por esa razón nunca quise obtener algún título.

Pero más tarde mi corazón había entristecido, porque en

realidad yo quería ser maestro de niños de algún colegio privado o escuela pública. Así que, finalmente, a pesar de que estudié varios cursos por algunos meses opté por terminar otro tipo de carrera en el ámbito secular, que tenía que ver con la programación de computadoras y software avanzado para empresas, junto con otras habilidades turísticas, y esto me permitió conocer más a fondo el mundo de la informática y completar algunos estudios de psicología.

A pesar de todo, seguí sirviendo a Dios y desarrollando otros dones que Él depositó en mis manos, y que he considerado omitirlos en este libro.

En una ocasión me inundó la tristeza, porque pensé que debía haber obtenido alguna maestría en teología para posteriormente alcanzar un doctorado en la misma rama, pero un hermano muy humilde de corazón, con el que nunca había platicado en toda mi vida, llegó en aquel entonces como invitado a la congregación, que era pastoreada por mi padre. Y es entonces que, imponiendo una de sus manos sobre mi hombro, recuerdo me dijo con palabras que llenaron mi corazón de gozo: "Dice el Señor Jesucristo, maestro serás".

Por lo tanto, fui certificado desde el reino celestial como maestro sin yo pedirlo. Cuando el hermano humilde me dio esa palabra, mi corazón fue quebrantado, y sentí un escalofrío de electricidad que recorrió todo mi cuerpo, donde la presencia de Dios inundó mi vida e hizo que rompiera en un fuerte llanto, cuando recibí esa palabra en mi corazón. Dios había escudriñado mi mente y mi corazón, porque vio que yo nunca he buscado exaltación, sino que Él sea glorificado por la eternidad en mi vida.

ACERCA DE MÍ

Y como parte de mi testimonio breve, un día no comprendía un verso muy importante en la profecía bíblica, pero una madrugada Dios me llevó a lo alto del cielo, y vi a Jesús como una luz inmensa, como un sol resplandeciente de día, y me explicó ese verso de la Biblia y me abrió el entendimiento y me dijo: "Lee bien y detenidamente", y así fue como Jesús mismo me instruyó en su hermosa Palabra. Antes de eso, Dios me mostró mediante algo que describo como visión o sueño, donde vi cuatro veces el Arrebatamiento de la iglesia, y de esa manera Jesús mismo abrió mi mente, por su misericordia, para que pudiese comprender algunos pasajes bíblicos que para algunos son difíciles de analizar. Sin embargo, siempre hago énfasis, en que ningún sueño o visión, estarán por encima de la bendita e infalible Palabra de Dios, escrita por la inspiración del Santo Espíritu de Dios.

Y esta es una parte de mi experiencia con Dios y como ha sido mi instrucción para comprender mejor la Biblia, y que quería compartirle brevemente, ya que, para detallar cada parte de mi vida, y las horas de estudios que he tomado, sería llenar este libro con hechos personales, y lo que más deseo es compartirle de la gloria de Dios y de su Hijo amado Jesucristo. Pero sobre todo deseo que este tema apasionante y profético, le fortalezca a usted y a su familia para el encuentro con nuestro amado Salvador Jesucristo mediante el Arrebatamiento.

Si he de recibir un reconocimiento, prefiero un trillón de veces que sea allá arriba en el cielo; Y recuerde, todo el que busque exaltación aquí en la tierra, será el último en los cielos. Muchas bendiciones y que la Gracia y la paz de nuestro amado Salvador Jesucristo abunden en su vida, en su hogar y sobre todo en sus seres más queridos. ¡Toda la gloria es y será para nuestro amado salvador Jesucristo! ATT. Su consiervo E. D.

En memoria de mis queridos padres.

Pastores:

Teodoro y Yolanda Díaz

Nos veremos muy pronto, en breve.

Romanos 14:9

Notas

Biblias físicas y referencias consultadas:

Plenitud, La Tanaj, Palabra Clave, Las Guerras de los judíos Flavio Josefo, Así nació Israel Jorge García Granados, RVR 60, NTV, NVI, BDO, VBL, DHHDK, LBLA, Vulgata Latina 1851, BDO1573.

Diccionarios consultados:

Nuevo diccionario Bíblico Ilustrado, Holman, Strong Esp, Ilumina, Auxiliar bíblico Portavoz, Diccionario expositivo de las palabras del A.T., Diccionario bíblico Mundo Hispano, Diccionario Hebreo bíblico, Microsoft Encarta Premium, e-Sword.

Fuentes consultadas:

Real Discoveries: Sodom & Gomorrah, Institute Koinonia, VOM Persecuted Magazine, Space.com, History Channel Magazine, Discovery Channel TV, Arxiv Web, NASA Website and Software, The Middle East Problem PRAGA University, Wars Of Israel DVD.

Contacto: laultimaresponde@gmail.com

www.ingramcontent.com/pod-product-compliance
Lightning Source LLC
Chambersburg PA
CBHW020149090426
42734CB00008B/749